ポスト資本主義を構想する

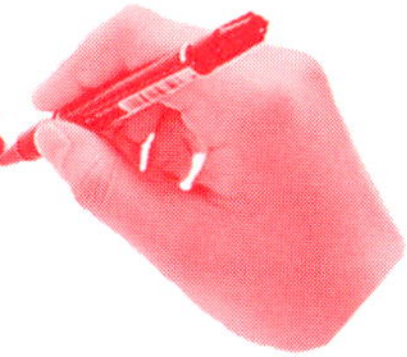

長砂實
荒木武司
聴濤弘
岩田昌征
大西広
北見秀司

本の泉社

はじめに

資本主義の「終焉」がいわれる。終わりの始まりがはじまったとも聞く。

じっさい、この国の現状を見ると、いったい、いつからこうなったのかと思わされるほど、気がつけば普通に生活することさえままならなくなってしまった。

年収三〇〇万円以下の人が人口の四割を超え（二〇〇九年以降）、非正規雇用労働者は役員を除く雇用者全体の四割近くになった。年金は目減りし、消費税は八パーセント（来秋には一〇パーセントにするという）にあがり、庶民はまことに爪に火をともすような生活を強いられている。

しかしその一方で、企業は内部留保金を史上最高（二〇一二年の統計で三〇四兆円余）にまで積み上げながら、三・一一東日本大震災の復興特別法人税は三年のはずが二年で打ち切られることをはじめ、企業減税のさまざまな「恩恵」を受けている。私たち庶民は二〇三七年まで二五年にわたって復興所得税を支払うのに（二〇一三年から）、である。

超低利金利時代を、すでに資本が自身の力では余剰的価値（儲け）を生み出せなくなった時代と見る人もいるが、そのように「終焉」的状態の資本主義は、まるで最後のあがきのように、人間労働を正規・非正規と雇用差別し、生活のすみずみに至るすべてのところからぎりぎりと絞りとっている。なるほど、資本の論理は貫徹されている。

国会で議論されることなく、この国は集団的自衛権、つまりアメリカと同身で「戦争する国」になると閣議決定された。その直前には武器輸出三原則が見直され、兵器製造と輸出が認められた。仮にそれらの情報を国民が得ようとしても、得られないばかりか情報を得る行為をしただけで罰せられるという特定秘密保護法も備えられた。

沖縄名護市辺野古への新基地建設の強行を見ても、福島原発事故の解明はおろか収束の見通しも不明なまま、また杜撰きわまりない事故後の避難計画で再稼働しようという〝原子力ムラ〟の姿を見ても、資本の論理はつまるところ労働者、庶民の命を顧慮しないものであるとはいえ、あまりに無軌道、傍若無人で、現代資本主義は行き着くところまで行き、近代資本主義の矜持の一片さえうかがわれないものになってしまっている。しかもそれらは、日本資本主義に個別のものとして現れているのではなく、世界資本主義に濃淡はあれ共通する様相でもある。

もはや、このような資本主義は終わらせなくてはいけない。私たちは、この資本主義の延長や改良においてではなく、違った未来の違った社会と、そこでの人々の暮らし、人格、自由、民主主義、平等、平和……などを語らなくてはいけないのではないだろうか。もちろん、現状変革の道筋は単純ではなく、変革の過程でさまざまに生じる事態は、たとえば明治維新とそれによって生まれた日本的近代国家のように、思いもよらない未来社会をもたらすかも知れないが、しかし逆に、そのためにも議論を重ねておくことは大事であろうと思われる。

かつて、資本主義を終わらせて新しい社会を出現させる試みが世界史にあった。いまもその延長で苦闘する国もあるが、多くのそれらの国は挫折し、資本主義に回帰した。回帰したものの、その資本主義に翻弄され、人々は行く末をかならずしも明るくは見ていない。

本書は、今日の資本主義とは違った明日の社会を考えようというささやかな試みである。挫折した社会主義から、社会主義の理論と運動から、また、現在の資本主義のなかでの模索などからその命題に接近したいと考えた。諸論考は、思想・文化を中心とした季刊誌『季論21』二五号（二〇一四年七月二〇日発行）の特集「ポスト資本主義へのアプローチ」に収載されたものが中心で、必要な補訂はあるがほとんど初出のままである。

真摯な議論を願っている。

編集人

【目次】

ポスト資本主義を構想する

「新しい社会主義」を模索する

長砂　實

はしがき──問題意識

もともと「資本主義を乗り越えるべきものとしての社会主義」は、「思想・理論」、「運動」、そして「体制」、の三つの側面で捉えられてきた。今日、その社会主義の「影が薄い」。

その最大の起因は、「体制としての社会主義」の崩壊である。それが果たして「体制」であったたか、さえが問われている。ソ連や東欧諸国で、その「現存社会主義」・「二〇世紀社会主義」が一九八〇年代から一九九〇年代にかけて軒並みに崩壊し、「資本主義への体制転換」が不可逆的に進行している。崩壊を免れたいくつかの「二〇世紀社会主義」国、中国、ベトナム、そしてキューバは、「社会主義をめざす国」と呼ばれているものの「体制としての社会主義」の面影は稀薄であり、グローバル資本主義の大波に洗われていることもあって、そこでの社会主義の前途も極めてきびしい。

「運動としての社会主義」も世界的に低調である。伝統があるヨーロッパ諸国の「左翼」は、労働運動においても政治勢力としても目立った伸張を見せていない。わが国・日本においても事情は基本的に同じである。

「思想・理論としての社会主義」はどうか。「体制としての社会主義」の崩壊と「運動としての社会主義」の低迷は、突き詰めれば「思想・理論としての社会主義」に問題・欠陥があるからだ、という資本主義擁護・賛美側からのイデオロギー攻勢はきびしい。その攻勢を受けて、この側面でも様々の「変節」現象が研究者たちにも現れている。「科学的社会主義」の真価が問われている。

ところが、社会主義からの挑戦に「勝利」した筈のグローバル資本主義は決して順風満帆ではない。拡大したEUの各国は経済成長追求と緊縮政策強行との間で揺れ動き、EU内部の矛盾が拡大している。米国は自ら手がけた不名誉な戦争と軍拡が原因の深刻な財政危機に陥っている。

日本では、「異次元」の、前途不明のカンフル的経済政策（アベノミクス）が試みられている。グローバル資本主義は、G8やG20のレベルで、共通の諸困難への対応を模索しているが、先進諸国と後進諸国との矛盾・対立が顕在化している。諸国の内部で、社会・経済的格差が拡大し、社会・政情不安が増大している。広範な勤労人民の憤激が高まっている。対症療法的な対策の限界は明らかであって、このまま推移すれば、グローバル資本主義は人類を滅ぼしかねない。客観的には、「現代資本主義を乗り越える社会主義」が脱出口として求められている。「左翼」の出番なのである。

しかし、この時代的要請に応えるには、「旧来の社会主義」を思い切って刷新し、「新しい社会主義」を構想することが必要不可欠、と思われる。本論は、この課題に挑戦しようとするささやかな試みである（筆者は一昨年、「『新しい社会主義』を考える」という論稿を書く機会を得たが〈『松山大学論集』第24巻第4－3号〉、ここでは、それとの重複をできるだけ避けつつ、論点の一層の整理と展開を図りたい）。

一、「新しい社会主義」へのアプローチ

では、「新しい社会主義」にどのようにアプローチすべきだろうか。その「新しさ」は

どのような方法で獲得できるだろうか。次のような「道順」が考えられる。

第一は、マルクス主義(科学的社会主義)における社会主義論の古典的諸命題を確認し、その現代的意義を新たに問い、その創造的発展を図ることである。

「旧来の社会主義」の失敗の窮極の原因をマルクス・エンゲルスに求める見解は広く普及している。曰く、彼らは資本主義的経済社会の秘密の解明には成功したが、来るべき社会主義的社会経済の設計には失敗した、曰く、彼らは「空想的社会主義」を批判し「科学的社会主義」者を自認したが、彼らも所詮「空想的社会主義」者であった、など。

だが、このような見解には与し得ない。マルクス・エンゲルスは理論家であるとともに革命家であった。その主たる研究対象は当時の一九世紀資本主義そのものであった。しかし、その研究を通じて、しばしば、「ポスト資本主義社会」の基本的諸特徴に意欲的に言及した。当然ながら、それは概して本質的な事柄に限定され、しかも高度な抽象的諸命題であった。

しかし、彼らは革命家でもあったため、社会主義運動の実践的要請に応えるような「処方箋」を提示することもあった(『共産党宣言』や『ゴータ綱領批判』が典型例)。彼らがあらゆる「青写真」を拒否したわけではないことも銘記すべきであろう。

だが、同時に、マルクス・エンゲルスが全く誤りなく完全に将来を展望した、とは言えない。したがって、現代的問題を解決する鍵、「打ち出の小槌」を発見するために、一種の「宝さがし」に熱中することも正しくないであろう。勿論、諸命題の真意の曲解があってはならない。要は、それらの正確な理解のうえに、その抽象性とありうる時代的制約性を正しく考慮することである。今日的観点からすれば、限界、不十分さあるいは誤りの要素がありうることも排除されない。マルクス・エンゲルスの諸命題の再吟味を通じて、「新しい社会主義」への手がかりを得る大きな可能性が残されている。

第二は、「二〇世紀社会主義」は何であったか、それはなぜ崩壊したのか、をトータルに問うことである。

通常、「ソ連社会主義」の失敗・崩壊の意味が問われる。今日、評価が極端に分かれている。一方では、「ソ連社会主義」は社会主義の歴史的経験の典型であって、その崩壊は「社会主義は所詮夢物語に過ぎなかった」ことを実証するものである、という主張がある。他方では、「ソ連社会主義」と言われたものは実は「社会主義とは無縁な」存在であったのであり、「社会主義への過渡期」でもなかったのであって、その崩壊によって二一世紀における社会主義の展望はいささかも損なわれない、という主張がある。

前者のような評価には与し得ない。しかし、後者のような評価にも問題はある。

まず、崩壊したのは「ソ連社会主義」だけではない。ハンガリー型の「市場社会主義」もユーゴスラビア型の「自主管理社会主義」も崩壊した。「中国的特色をもった社会主義」は生き延びている。したがって、国際的規模でのトータルな検討・評価が必要である。

また、「ソ連社会主義」の評価にしても、「全称否定」的な断罪で済ますことはできない。それは「壮大な歴史的実験」であったのであり、一面的でない総合的再検討を要する。「旧来の社会主義」の失敗の経験を総合的に総括することによってのみ、その轍を踏むことのない「新しい社会主義」を構想することができるのである。

第三は、現代の「グローバル資本主義を乗り越える社会主義」像を積極的に提示することである。

我が国を含む今日の先進資本主義諸国での「現代資本主義を乗りこえる社会主義」が構想されるべきである。できるだけトータルに、しかも「未来の理念的夢物語」としてではなく、広範な勤労人民にとって「手が届く」と思われる「実現可能な社会主義」像として。

以下、これらの順を追って「新しい社会主義」を模索する。

二、古典的「社会主義」論の諸命題を再考する

科学的社会主義の創始者たちの社会主義論の内容は多彩である。そのいくつかを示そう。

1、まず、史的唯物論の真髄を示すマルクスの「公式」的命題（『経済学批判』序言）それは、人類（「経済的社会構成体」）の歴史的発展を「社会的生産力と生産諸関係との間に存在する衝突」からくる「社会革命」の継起としてとらえるものであった。「物質的生産力の一定の発展段階に照応する生産諸関係」が形成される。その「生産諸関係の総体が社会の経済的構造」・「土台」となり、「そのうえに法律的および政治的な上部構造が

そびえたち、またそれに一定の社会的意識の諸形態が照応する」。所与の生産諸関係が生産力の発展の「桎梏に転化する」。「そのとき、社会革命の時代が始まる。経済的基礎の変化と共に、巨大な上部構造のなかに徐々にまたは急激に、変革がおこる。」

来るべき社会主義革命も当然、その視野に入っていた。「ブルジョア的生産諸関係は、社会的生産諸関係の最後の敵対的形態である。……ブルジョア社会の胎内で発展しつつある生産諸力は、同時にこの敵対を解決するための物質的諸条件をもつくりだす、それゆえ、この社会構成体をもって人類社会の前史は、終わりを告げる」。

これは、今日もなおきわめて説得的な命題である。「旧来の社会主義」を総括するさいにも、「新しい社会主義」を模索するさいにも、「導きの糸」とすべきである。

2、次は、『資本論』第一巻の末尾で述べられた「資本主義的蓄積の歴史的傾向」

①「自分の労働によって得た、いわば個々独立の労働個体とその労働諸条件との癒合にもとづく私有は、他人のではあるが形式的には自由な労働者の搾取にもとづく資本主義的私有によって駆逐される」。②その資本主義的私有のもとで、「少数の資本家による多数の資本家の収奪」（と労働・生産の社会化の諸形態）が進展する。③大資本家の数の減

少に平行して「貧困、抑圧、隷属、堕落、搾取はますます増大し、……絶えず膨張しながら資本主義的生産過程そのものの機構によって訓練され結合され組織された労働者階級の反抗もまた増大していく。資本独占は……この生産様式の桎梏となる」。④「生産手段の集中も労働の社会化も、それがその資本主義的な外皮とは調和できなくなる一点に到達する。そこで外皮は爆破される。資本主義的私有の最後を告げる鐘が鳴る。収奪者が収奪される」。⑤これは「否定の否定」である。第一の否定は、「資本主義的私有」による「自分の労働にもとづく個人的私有」の否定、第二の否定は、「生産手段の共有を基礎……とする個人的所有」による否定である。なお、第一の否定に比べて第二の否定に要する歴史的期間は「比べものにならないほど」短い、と予想された。これが、資本主義的生産様式の運動諸法則を経済学で解明したマルクスが到達した「結論」であった。

要するに、生産手段の資本主義的私有の廃止とそれに取って代る「生産手段の社会的所有」の樹立が不可避であることの科学的「宣告」であった。マルクス・エンゲルスは、社会主義革命の必然性を論証し、革命家としてそれを待望したのである。これは科学的結論であって、決して空想の類ではない。

もとより、この命題は理論的なグランド・デザインである。歴史上の実際の「社会主義革命」は、複雑な内外情勢のもとで進行した。そのことは、今後も避けられない。

3、さらに、今日では「過渡期」と総称されている「革命的転化の時期」についての周知の命題。「資本主義社会と共産主義社会とのあいだには、前者から後者への革命的転化の時期がある。この時期に照応してまた政治上の過渡期がある。この時期の国家はプロレタリアートの革命的独裁以外のなにものでもありえない」(『ゴータ綱領批判』)

この短い命題には、留意すべき多くの含意がある。①そもそものような「時期」の存在がなぜ必要か。それは、以前の階級社会の継起的交代とは異なって、階級社会から無階級社会への移行、人類の「前史」から「本史」への飛躍であるからである。②この「時期」にプロレタリアート主体の「社会主義革命」が遂行されるが、プロレタリアートはそれに必要な国家権力を獲得・掌握しなければならない。国家は存続する。③この「時期」は「政治上の過渡期」であるだけでなく、まさに「資本主義社会と共産主義社会とのあいだ」に挟まる独特の社会全体を意味する。④ここでの「資本主義社会」と「共産主義社会」はともに、その本質的諸特徴において把握された理念的抽象であって、それらの成熟度、一国史・世界史などの諸問題は捨象されている。⑤この「時期」に「資本主義社会」の諸要素は消滅していき、「共産主義社会」の諸要素が生成・勝利していく、など。

「過渡期」の概念は、「旧来の社会主義」の評価に当たっても、「新しい社会主義」の構想にさいしても、大きな役割を演じる。

4、マルクスは、この「共産主義社会」が二つの発展段階からなる、と予測した。「いまようやく資本主義社会から生れたばかりの共産主義社会」・「ながい生みの苦しみののち資本主義社会から生れたばかりの共産主義社会の第一段階」と「それ自身の土台のうえに発展した共産主義社会」・「共産主義社会のより高度な段階」とである（『ゴータ綱領批判』）。この二つの段階を分けるものは、「旧社会の母斑」の存続とその消滅であった。

「第一段階」の「共産主義社会は、あらゆる点で、経済的にも道徳的にも精神的にも、それがうまれでてきた母胎たる旧社会の母斑を、まだおびている。したがって、ここの生産者は、彼が社会にあたえたものと正確に同じだけのものを――控除をおこなったうえで――かえしてもらう。……生産者の権利は、彼の労働給付に比例する。平等は、ひとしい尺度で、すなわち労働で、測定される点にある。」いわゆる「労働に応じた分配」

が必然である。

「旧社会の母斑」の消滅は、「分業への個人の奴隷的従属」・「精神労働と肉体労働との対立」の消滅、「生活のための手段」から「第一の生活欲求」への労働の転換、「個人の全面的発展にともなっての生産力」の増大、「協同組合的富のあらゆる泉がいっそうゆたかにわきでるよう」になること、と例示された。そして、その段階に達すると、「社会」は「各人はその能力におうじて、各人にはその必要におうじて！」消費手段を分配するようになる。いわゆる「必要に応じた分配」である。

そのさいマルクスは「いつの時代にも消費資料の分配は、生産緒条件の分配の結果に過ぎない。……物的生産諸条件が労働者自身の協同組合的所有であるなら、……今日とはちがった消費資料の分配が生じる」ことを銘記していた。「共産主義社会」では生産手段の社会的所有に相応しい分配が消費手段について行われる。しかし、生産手段の社会的所有関係の成熟に照応した分配様式の違いがあることをマルクスは説いたのである。

もともと「科学的社会主義」の創始者たちは、「社会主義社会」と「共産主義社会」とを同義に論じた。しかし、レーニンがこのマルクス命題における「第一段階」を「社会主義」として捉えて（『国家と革命』）以降、一般に、広義の「共産主義社会」を「社会主義（社会）」と狭義の「共産主義（社会）」とに分けて論じることが「国際的定説」となっていった。しかも、ソ連などでは安易に「共産主義」が展望され、そのさい、「労働に応じた分配」から「必要に応じた分配」への分配原則の発展・移行の意義が強調された。

今世紀に入ってこの「定説」に対する強力な異論を唱えてきているのが、わが国における「（マルクス）未来社会論」である。この見解によれば、そもそも「必要に応じる分配」の実現を目指すのは人類の到達目標のいわば「卑俗」的理解であって、目指すべきは「人間の全面的発達」である。また、分配原則の違いの固定的提示は「青写真」を求める誤りを犯すことである。社会の発展を画すのは、分配ではなくて生産の様式である、云々。

この「未来社会論」は傾聴に値する。しかし、疑問がないわけではない。とりわけ、「第一段階」と「より高度の段階」とを区別する「旧社会の母斑」の位置づけが不十分であり（「労働に応じた分配」も否定されかねない）、二つの段階の共通性の側面が重視され、結果として、「第一段階」である「社会主義社会」も何世紀先かもわからない「未来社会」の夢物語にされてしまいかねない。同時に、「第一段階」と「過渡期」との概念上の混同も生んでいる（「中国社会主義」の評価が好例）。

今日の「（マルクス）未来社会論」はなお未完である、と思われる。

5、特記しておくべきだが、マルクスは（エンゲルスも）、（広義の）「共産主義社会」での商品生産の消滅、直接に社会的な生産（計画的生産）の出現を想定していた。「生産手段の共有を土台とする協同組合的な社会では、生産者はその生産物を交換しない。」（『ゴータ綱領批判』）。「社会による生産手段の掌握とともに、商品生産が廃止され、……社会的生産の……計画的、意識的な組織があらわれる。」（『空想から科学へ』）。

この問題は、「旧来の社会主義」にとって、最大の「躓きの石」の一つであった。「未来社会」論も「新しい社会主義」論もこれを乗り越えねばならない。

以上の諸命題を念頭に置くと、「科学的社会主義」の創始者たちが描いた「共産主義社会の第一段階」としての「社会主義社会」（それは「過渡期」を通じて確立される）の理念像は次のようなものである、と言えよう。

A、未成熟だが基本的に形成されている「共産主義社会それ自身の土台」的諸要素：①高度に発展した生産力、②生産手段は社会的所有、消費手段は個人的所有、③自由な労働者・人間の結合体としての生産諸関係、④生産の意識的かつ計画的な組織・管理、⑤人民の全般的福祉の抜本的向上と労働日の短縮、⑥階級(闘争)および国家の基本的「死滅」、など。これらは「より高い段階」に向けて成熟する。

B、「旧社会の母斑」的諸要素：①生産力・社会的富のなお不十分な発展水準、②労働者階級内部での分業からの未脱却、精神労働と肉体労働の差異、③まだ生活の手段に止まって第一の生活欲求となっていない労働態度など。これらは「より高い段階」では消滅する。

しかし、この理念像は「旧来の社会主義」体験にとっては、余りにも一般・抽象論であった。「新しい社会主義」を模索する場合も、このことを忘れてはならない。

Ⅲ、「二〇世紀社会主義」は「失敗した『資本主義から社会主義への過渡期』社会」

ロシア十月社会主義革命(一九一七年)からまもなく一世紀を経ようとしている。「ソ連社会主義」が崩壊（一九九一年）してからもすでに二十数年になる。第二次世界大戦終結（一九四五年）を契機にその後形成されたかに見えた「社会主義世界体制」（「二つの世界体制」の一つ）の基本的部分も、一九八〇年代末から一九九〇年代初頭にかけて瓦解した。

このような「二〇世紀世紀社会主義」はどのような社会だったのか、なぜそれは軒並みに崩壊したのか、が改めて問われねばならない。現在、一つの有力な回答は与えられている。「ソ連は社会主義ではなかった、社会主義への過渡期でもなかった」というものである。他の「社会主義国」も推して知るべし。だが、そのような「政治的」断定・断罪で済ますことはできないであろう。国際的および国内的、更には客観的および主体的な諸条件、肯定的および否定的諸側面、の複雑な絡みあいが、総合的に検討されねばならない。

ロシア・ソ連の場合　ロシア十月社会主義革命は第一次世界大戦（帝国主義戦争）の産物であった。敗戦色濃厚な後発帝国主義国ロシアが舞台となった。それは帝国主義列強からの軍事的干渉を呼び起こし、悲惨な内戦を併発した。期待された「世界革命」は不発に終わり、帝国主義的包囲のもとでの「一国社会主義」建設を余儀なくされた。国防を重視せざるを得なかった。「大祖国戦争」では巨大な損害を蒙った。第二次世界大戦で戦勝国になり「社会主義世界体制」の雄となったが、「資本主義世界体制」との競争・「冷戦」に敗者となった。

国内的諸条件も劣悪であった。ロシア「資本主義社会」は高度に後進的であった。ロシアのブルジョア革命・「二月革命」は「十月革命」と同じ一九一七年である。社会主義革命であった「十月革命」は、ブルジョア・民主主義革命の諸課題（例えば工業化）とも取り組まねばならなかった。「先進資本主義国に経済的に追いつき追い越す」ことが国家的課題とされたが、それは達成できなかった。ロシア・ソ連が「社会主義革命」を成功裡に遂行するための客観的諸条件は、内外ともに極めて厳しかったのである。そして、そのことは主体的諸条件にも否定的に作用した。

このように不利な客観的諸条件に加えて、主体的な諸条件も良好ではなかった。万事に試行錯誤を余儀なくされたが、レーニンが死去した後に「スターリン体制」が成立した。あらゆる「異論」が封殺された。スターリンの「個人独裁」のもとで、多くの誤った内外政策が行われた（もっとも、それらの評価に際しては、すべてをスターリン個人の資質・意図に還元して理解すべきでない）。

そして、一九三〇年代後半には、早くも「ソ連における社会主義への過渡期の完了」が宣言されたのである。一党独裁のソ連の政治・経済体制はスターリン死後も基本的に維持される。一九五六年にスターリンを批判したフルシチョフは「共産主義の全面的建設期」を呼号し、ブレジネフもソ連を「発達した社会主義」と規定した。いずれも、「ソ連社会主義」の到達・成熟度についての現実離れした過大評価であった。ソ連国民の「体制離れ」が一気に強まり、ソ連共産党の権威が急速に失墜する。抜本的改革が避けられなくなり、ゴルバチョフの「ペレストロイカ」(政治の民主化と急激な市場経済化)は、それまでの「ソ連社会主義」および「ソ連邦」に止めを刺すことになったのである。(「ソ連社会主義」には肯定的成果も多々あった。だが、ここではこれには触れない)

東欧諸国の場合　第二次世界大戦におけるソ連の勝利と占領がきっかけとなって東欧諸国で「社会主義の建設」が始まった。基本的に「ソ連型社会主義」が移植され、各国の独自的発展の試みは阻止された。もっとも、ここから生じる、諸国の実状との「不適合性」・矛盾は、一九八〇~九〇年代の「東欧革命」の原動力の一つとなっていく。ソ連の先例に倣って、一九六〇年代に一連の東欧諸国で「資本主義から社会主義への過渡期」

の完了が言われたが、その「現存社会主義」は、「ソ連社会主義」の崩壊に先立って軒並みに崩壊した。その崩壊原因は基本的にソ連と同じ（政治的民主主義の窒息と非効率な経済）であった。

では、ソ連および東欧諸国でこのように数十年存続した後に崩壊した「現存社会主義」社会を、科学的社会主義の立場でどのような社会と特徴づけるべきか。それは、「失敗した『資本主義から社会主義への過渡期』社会」と呼ぶべきものであった、と言えよう。

①「資本主義社会から共産主義社会への革命的転化の時期」という古典的命題の適用はここで可能である。「社会主義革命」が現実の出発点となっていたし、「共産主義社会の第一段階」としての「社会主義（社会）」が目指されたことは事実である。

②しかし、現実の「過渡期」は極めて特殊かつ困難な道であった。ⓐ現実の「資本主義（社会）」の成熟度は極めて低く、前資本主義的諸要素の遺産が多大であった。ⓑ「社会主義革命」の主役である労働者階級の政治・文化的力量は高くなかった。ⓒ「世界革命」の嚆矢とはなったが、強大な「資本主義社会・世界」の包囲のもとで、困難な一国・数ヵ国革命に止まった。ⓓ総じて、「社会主義の建設」は困難な「初体験」の連続であった。

③実際に「過渡期」は成功裡に完了した（していた）であろうか。答えは否である。現実の「過渡期」の完了が言われたとき、一国史的に見ても、持続的発展・成熟が可能な「社会主義（社会）」の実体的原型の創出は未完成であった。生産手段の社会的所有関係の法制的支配の形式的確立があったが、生産諸関係的実体は未形成だった。生産力や上部構造などの面でも、社会主義に固有な実体はまだなかった。一党制のもとでの革命政党の変質、低水準の民主主義、非効率な経済運営、など。世界（史）的に見れば尚更であった。「社会主義」の実体が未形成なまま、「社会主義（社会）の勝利」が言われた。しかし、それが幻想であったことが、実現した筈の「社会主義（社会）」の崩壊」という形で事後確認されることになったのである。

まさに「二〇世紀社会主義」の諸国は、「失敗した『資本主義から社会主義への過渡期』社会」だった。序に言えば、二一世紀に生き延びている「社会主義を目指す」国々も、未だ、極めて特殊な「社会主義への過渡期」社会の段階にある。

「新しい社会主義」論は、来るべき「過渡期」のなかで形成されるべき「永続的発展・成熟が可能な社会主義」像を積極的に構想しなければならない。

Ⅳ、「新しい、永続的発展・成熟が可能な社会主義社会」像を構想する

以上での考察を踏まえ、さらに我が国を含む現代「資本主義社会」の現実を念頭において、来るべき「新しい社会主義社会」――それは平和的な「多数者革命」の「革命的転化の時期」に樹立されるべき――の諸特徴を概括してみよう。

1、生産諸力　既に達成されている高度な生産力水準の維持・増進。「人間と自然に優しい」生産力。経済成長第一主義は不必要となる。しかし、労働日短縮（自由時間の拡大）の前提条件となる労働生産性向上および技術革新は必要不可欠。

2、生産手段および消費手段の所有諸関係　基本的生産手段は社会的所有（国有、自治体有、協同組合有、労働集団有、など多様な形態の「社会主義企業」）に。人間による人間の搾

取の廃絶、失業の一掃。同時に、個人・家族労働と一体である生産手段の「私的」所有は存続。消費手段は豊富化する個人的所有に。公共的消費手段・サービスは拡充。

3、生産諸関係　マクロ（社会全体）およびミクロ（企業・集団・個人）の両次元で経済活動・意思決定の「主人公」となる、搾取から解放された自由な労働者（階級）の「結合」諸形態が、生産・交換・分配・消費のすべての側面で形成される。ただし、勤労人民・労働者階級内部での、労働の異質性（分業、精神労働と肉体労働、管理労働と現場労働、など）、「実質的不平等」は残存。個人的消費手段についての分配原則は「労働に応じた分配」、公共的消費手段・サービスについての分配原則は「必要に応じた分配」。

4、経済活動（生産）の推進的動機　勤労人民（国民）の物質的福祉の全般的向上および「人間の全面発達」。個人・集団・社会全体の利害・「目的関数」の基本的共通性。

5、経済運営メカニズム　「市場」と「計画」の共存。最大の「旧社会の母斑」の一つとしての商品生産・「市場」の活用とその制御、それを通じての「計画経済」の発展。国民・住民本位の国家および地方財政・金融制度の確立。グローバル世界経済への積極的関与。

6、上部構造　①「旧社会の母斑」の一つである「人民」国家の存続。②政治的民主主義の全面発達：議会制度、複数政党制、「社会主義統一戦線」政府、健全な指導的革命政党の存在（統治政党化による変質・腐敗を許さない自己刷新力の発揮）。③思想・信条・信仰・研究・言論・出版の自由などの確実な保障。④市民運動、住民自治の自由な展開。

7、国際的諸関係　平和主義・国際主義（「万国の人民、団結せよ！」の貫徹）、帝国主義・覇権主義に反対、民族自決権の容認とともに偏狭な民族・愛国主義の克服、国連重視。

8、人類的諸課題への挑戦　地球環境保全、核兵器・原発廃絶の率先
（これらの個々のテーマについて理論的検討・解明が必要だが、ここでは果たせない）

終わりに——「新しい社会主義（社会）」の構想と「資本主義の枠内での民主主義革命」

ここまで考察を進めてきて最後に逢着する問題は、「新しい社会主義（社会）」を構想することが「日本革命」の展望といかに関わりあうか、ということである。

周知のように、日本の革命政党は、「社会主義的変革」に先立っての「資本主義の枠内での民主主義革命」を標榜している。ところが、「新しい社会主義（社会）」は、「資本主義社会から共産主義社会（の第一段階）への革命的転化の時期」に形成されるべきものであるから、「資本主義の枠内での民主主義革命」の直接的課題ではありえない。直接的課題は、「ルールなき資本主義」と「国家的な対米従属」という「二つの異常の解決」である。それらが「解決」されてから改めて「社会主義的変革」が提起される、という論理の運びである。

したがって、「新しい社会主義（社会）」を構想することは無益あるいは有害な「先走り」、として退けられかねない。「青写真」を構想することは厳しく戒められ、それに代わって「未来社会」（＝「社会主義・共産主義社会」）の理想が熱心に説かれる。だが、果たしてそれでいいのだろうか。「資本主義の枠内での民主主義革命」が達成すべき主要諸課題と「社会主義的変革・革命」が達成すべき主要諸課題との間に「万里の長城」を設けるべきではない、と思われる。

【付記】

本稿は初出の小論をそのまま再録している。

若干の余白を利用して、つい先述の「万里の長城」に関して少し付言しておきたい。「万里の長城」を設定しない、設定は止むなしとしてもそれを乗り越えることは可能か。可能である。ただし、二つの条件が満たされることが必要であろう。

一つは、革命のすべての段階において「多数者革命」を目指すことである。ここで「多数者」とは国民の圧倒的部分を占める勤労人民である。「民主主義の徹底を通じる社会主義への道」、その到達点は「民主的社会主義」である。民主主義の発揚は社会主義の魂である。

二つは、革命のすべての段階において「資本主義的搾取」の制限ひいては廃絶を志向しながらも、「市場の活用・制御を通じる社会主義への道」、その到達点は「市場的社会主義」を目指すことである。商品・貨幣・市場経済と資本主義経済とは決して同義でない。

これら二つの条件を成功裡に満たすことに、「新しい社会主義」論は貢献すべきである。

いずれにしても、このような重要諸問題を巡って、科学的社会主義の陣営は、従来の「閉鎖的」・「自足的」研究を改め、内外に広く開かれた討論の場を設定すべきであろう。

「実現可能な社会主義」について考える

荒木武司

はじめに

二〇世紀末の冷戦構造の終結、ソ連・東欧社会主義体制の崩壊の中で、かつての「社会主義」に対する声望は混迷・衰退し、いまや死語と化すかの観がある。しかし同時に、新自由主義グローバリズムの展開は、資本主義の諸矛盾を深めその安定的発展に暗い影を落としていることも事実である。それればかりか、体制としての資本主義の根底に対する信頼が揺らいでいること、国民の多数が、現在の資本主義の世の中を必ずしも住みやすいと思っていないこと、その将来に希望を託せないでいることは明らかであるとおもわれる。

とはいえ、また逆に、左翼・革新勢力の動向にも期待がもてず、それゆえ、さしあたりは右にも左にも出路を探しあてることができないという、閉塞感が行き場なく彷徨しているかのようにみえる。

しかし、この間にも、多方面に渉る市民運動・地域運動、生活防衛運動の個々の貴重な成果があることも確かである。問題は、それらが全体として国民的な運動に統合され、国政の変革に向かう大運動に集約されているとは言い難い情況にあることだろう。各々の政党の消長よりも、現体制に代わる新しい社会のイメージと運動のゴール、すなわち「ポスト資本主義」としてのあるべきオールタナティブを見いだせないことが、最重要の要因の一つではないだろうか。

とりわけソ連・東欧社会主義の崩壊以後、革新運動の側が、その本来の使命である未来・革新としての展望を示すことに成功していないことがある。社会主義の未来を語ること・考えることは、当面する階級闘争の見地を忘れることでは決してなく、むしろ、今日求められている運動の目標と方向を指し示すことであり、逆に、それなくしては現実の運動論としての核心を欠くことになろう。したがって、説得力のある新たな未来社会の構想・実現可能な社会主義の将来像を積極的に提起することは、何にもまして必要である。

一、「マルクス社会主義」論の批判的再考

本題の実現可能な新しい社会主義について考えるというとき、最初に問題となるのは、「実現可能」とはあるいは「新しい」とは何か（従前もこの二つの形容語は事ある毎に使われてきた）ということである。いまや、旧ソ連社会主義が極めて大きな問題を有していたことは明白であり、したがって、ロシア革命の方式は、少なくとも今日の発達した資本主義国における社会主義的変革の方向としては適用できえない、つまり「実現不可能」なモデルであることは明らかである。当時においてさえ例えば最先進国イギリスにおいては実行不可能であり、仮に同じ道が強行されたとしても、また復辟が起こったであろうことは想像に難くない。

ところが、今でもなお多くの論者はソ連社会主義の崩壊に対し、あれはもともと社会主義ではなかった、後進的でスターリン的に歪曲された社会主義であった、あるいは、マルクスが描いた「真の社会主義」ではなかった（ソ連＝「国家資本主義」説）からだと

いう。しかし、それは、学説の創始者マルクスの「社会主義」像（以下「マルクス社会主義」という）に依然固着し、以て問題の根源を回避する議論であるといえよう。

かかる立論は挫折・失敗に帰した旧来の社会主義の諸欠陥との正面からの対決を避ける議論だと言わざるをえない。それは、国民多数の現実認識と一致しないばかりか、冷厳な歴史の現実とも乖離せざるをえないこと、そこからはなんら根底的な教訓を引きだしえないことは、いまや自明である。

そもそも「真の社会主義」とはなにかという理論的定立自体に問題があり、「真なる」ものとは観念的抽象として絶えず論理的に悪循環をたどらざるをえず、それゆえそれは永続的に不明・未解明のままであろう。また実践的にも、ロシア革命初期の歴史をみれば、貨幣なき社会主義、労働の義務化・平等化を目指してのレーニン・トロツキーら有能な指導者による、あくまでマルクスに忠実であろうとした必死の努力と奮闘にもかかわらず、ついにその約束の地に到達し探し当てることはできなかったもの（それから約一世紀後の今日も同様）である。

さらにいえば、マルクスの終極目標をなす「千年王国」的共産主義論（分業の消滅、生命的欲求としての労働、個人の全面発達、協同的富の汪溢、必要に応じた分配――『ゴータ綱領批判』）は、少なくも人類史的に考究可能な未来において、およそ理性的には「実現可能」なプラン、敢えて言えば「接近可能」な現実的プランでさえあるとはおもわれない。

たしかにソ連社会主義には、歴史的個性としての後進的特徴が付着していたとしても、私的所有の廃棄と計画経済制度、プロレタリアの独裁論、コンミューン型国家論（権力の集中統合）等は、基本的に「マルクス社会主義」から派生したものとみなさざるをえず、そのヴァリアントの一型態に外ならなかったといえよう。

かつてエンゲルスは『空想から科学への社会主義の発展』の中で、一八世紀のフランス革命を準備した偉大な諸思想について、彼らは「ほんとうの理性」「永遠の正義」を求めたが、「すべての先駆者と同様に、彼ら自身の時代によってもうけられた限界をこえることはできなかった。」彼らのめざした「理性の王国は、理想化されたブルジョアジーの王国にすぎず……ルソーの社会契約は、ブルジョア的・民主主義的共和国として」しか生まれえなかった、と述懐する。

現存の歴史はたえず未完成であり、理念と現実の不一致は避けがたく、それゆえまた歴史はまた前進する。マルクスとエンゲルスが憧憬し思念した「社会主義」も、いざ実際に建設してみると不完全で欠陥をもったものでしかなかった。歴史の運行とはまさにこのようなものである以外にないであろう。

人類の知恵には絶えず限界があり、歴史は決定論的な形では何も教えてくれない。かくて、多くの献身や犠牲、想定外の否定的現象をともないつつ、既成のソ連社会主義と「マルクス社会主義」（両者は別ものではない）の「実現不可能」性が、理論的・歴史的に証明されたとみなさざるをえないのである。前者は後者のたんなる「鬼っ子」ではなく、それは生まれるべくして生まれたものである。このことを率直に認めることから、社会主義理論と運動の新たな再生はおこなわれなければならない。したがって、要言すれば、それらはともに実現不可能な社会主義、すなわちもはや基本的に目標モデルとはなしえない旧い社会主義といえよう。「実現可能な社会主義」は、いわばその否定＝相対化から再出発しなければならないことは、いまや明確である。

周知のように、社会主義・共産主義の思想と理論はマルクス・エンゲルスに先立つものである。すでに一六世紀にはトマス・モアの『ユートピア』、一七世紀にはカンパネラの『太陽の都』があり、一八世紀にはモレリーとマブリーの共産主義的理論が現れている。さらに一九世紀に入ると三人の偉大な空想的社会主義者（サン・シモン、フーリエ、オウエン）の精力的な活動をみる。これら先駆的諸理論は、いずれも商品経済・資本主義経済の発達とそこに発生する貧富の格差等の社会的矛盾に対し、理想としての不平等なき社会、私有財産制・階級対立廃止後の未来構想を提案している。

サン・シモンら後三者の頭の中では、社会主義は遠い未来の目標ではなく、近未来において実現可能な現実的オールタナティブを意味していた。それはたんなる文明批判ではなく切実な「実験」をともなうものであった。しかし、これらマルクスに先行する社会主義の教説は、人間性に対する信頼と啓蒙的楽観性に彩られており、新しい資本主義的生産力、その担い手であり変革主体たるプロレタリアートの発見に成功しなかった。マルクス・エンゲルスによって、「空想的」なつまり実現不可能な社会主義と批判される所以である。

一九世紀後半、国際労働者協会（第一インターナショナル）が結成される。その綱領的文書たる『国際労働者協会創立宣言』（一八六四年）はマルクスによって起草され、また『資本論』の各国への普及が決議される。かくて、同時代の多くの社会主義思想（プルードン、バクーニン等）の中で、「マルクス社会主義」は、社会主義学説の正統的本流として世界各国に広がっていき、さらに一九世紀末のドイツ社会民主党の躍進および二〇世紀初めのロシア社会主義革命によって、その権威は不動のものとなっていった。

今日一般的に、社会主義といえば「マルクス社会主義」を指し、マルクスの描いた「科学的社会主義」像は社会主義の普遍的なモデル・基準とみなされている。マルクスにおいては、社会主義革命は近代技術と文明の最先端である先進資本主義国に生起するものと想定されていた。しかし、かかる戦略的な予測と展望は歴史的現実としては「実現」されることがなかった。先のエンゲルスの言説にもどれば、理念と現実、理論と実践の間には極めて大きな懸隔があり、その巨大な深淵を歴史は直接明示してはくれない。マルクス・エンゲルス両者の方法論的・歴史的限界とも関連し、課題は後代に遺されたのである。

マルクスは、たしかに資本主義の分析については極めて精確な批判的体系を遺したが、他方、資本主義崩壊後の社会主義的未来の社会組織形態については、纏まった形での積極的で具体的な論究は遺していない。しかしながら、マルクスの断片的スケッチから推論される新社会の輪郭は、①ブルジョア民主主義・国家機構の解体と《↓》プロレタリアートの独裁、②私的所有の廃絶と《↓》生産手段の社会化、③商品・市場関係の廃止と《↓》計画経済の実施、さらに④〈↓〉階級と国家の消滅ないし死滅、と要約することができよう。

ここで略述される、《↓》の前段は社会主義革命におけるいわば消極的課題であり、後段が積極的課題である。前段の消極（破壊）的課題はまだしも理解できるが、最も困難で重要な後段の積極（建設）的課題については必ずしも明瞭ではない。しかも、その中間の《↓》の部分、いわゆる「過渡期」については、始点と終点、その時間的長さ、変化の道筋と態様、手段と方法など、不明な点があまりに多い。

例えば当時の社会思潮の中で、人間性・利己心の問題とも関連し、社会主義建設途上における難問の一つとして「怠惰」の性向が議論の対象とされる（実際、後に現実化し大きな問題となる）が、マルクスは当の論点に対しまともに正面から応答していない（『共産党宣言』）。むしろ、それは資本主義社会に固有の問題であり、革命により社会関係が変わり階級と搾取がなくなりさえすれば容易に解決されると、きわめて楽観的に考えていた節がある。

歴史的現実態としてのソ連社会主義においては、上記①と②の問題は、多くの問題性を孕みつつもまがりなりに実現・遂行されるが、③の問題つまり全き意味での計画経済は機能せず、商品・貨幣関係は（戦時共産主義期の一局面を除いて）ついに消滅しえなかった。④国家の死滅の問題は、過渡期というより共産主義遠未来の問題であるが、そこに向う予兆は全く観られず逆に強権国家として肥大化していった。それは後進的ロシアの特殊性というよりも、本源的には、「マルクス社会主義」論が看過していた問題だとおもわれる。

マルクスの社会主義像が、形而上学的な目的論的設計主義に基づくものだとすれば、外生的システムに不可避的な厳格な統御と強制を要請せざるをえなくする。自生的なフィード・バック機構を有する市場システムと相違して、計画経済においては、部分的な錯誤は全体の整合性を損なうがゆえに、単一の権威＝中央計画当局が発する上からの人為的な指令に基づいて、全体的に整然とした管理がおこなわれなければならない。それは、マルクスのいう「社会の全般的変革」と「プロレタリア独裁」なくしてはなしえないこと、論理の自然の成り行きというべきであろう。すなわち、「マルクス社会主義」の構想を現実化しようとすれば必然的に起こる、いわば原理的アポリアであった。

二、「民主主義的社会主義」へ向けて――現代民主主義論との交錯

「実現可能な社会主義」というとき、問題は多方面に渉るが、なによりも民主主義（あるいはその裏面をなすプロレタリア独裁）の問題と、市場経済システム（あるいはその裏面としての計画経済体制）の問題を避けて議論することはできない。両者は旧来の社会主義理論と体制の最大の欠陥をなすものであった。

まず前者、民主主義の問題について考察するとき、マルクスには、ヘーゲル国法論批判と取組んだ最初期のマルクス、急進的民主主義者から共産主義者に転身前の「マルクス以前のマルクス」を除けば、それ以降、「民主主義」の問題はあたかも卒業したかの如く、民主主義一般についての系統的言説はない。とはいえ、「マルクス社会主義」論に伏在する民主主義論の思想的系譜についていえば、史的唯物論＝経済決定論に基礎をおく階級的民主主義の概念にこそ、マルクス民主主義論の本質的特徴がある。

そもそも「民主主義」とは、その元来の語義である「人民の支配」＝平民・多数者の支配という意味内容からも明らかなように、古典古代ポリス・アテネの民主政以来その背後には階級関係があることはたしかである。それが、階級に分割された社会に対する理念的反動として理想化され、超階級的概念を表明し希求する（C・マクファーソン）、いわば普遍的な思想的シンボルの機能を果たしてきた。そこにおいて、古代ポリスの民主主義、近代社会の自由民主主義等、それは歴史的概念として多様なイデオロギーや社会形態と結びつくが、総じて進歩的役割を担ってきたといえる。

しかし、マルクスの民主主義論においては、ブルジョア民主主義あるいはプロレタリア民主主義等、それが専ら階級概念（それゆえ経済的土台）と結合・規定づけられ、したがってまた、社会主義との関係においては、その前段の単なる手段もしくは次元の低いものとみなされてきた。

マルクスの民主主義および社会主義論においては、民主主義原理と独裁原理は矛盾しないもの、相互制約的関係においてではなく相互促進的関係において捉えられてきた。その思想的淵源はルソーの「一般意志」（『社会契約論』）にあり、そこでは部分と全体、個別的利益と普遍的利益の対立が直接無媒介に解消可能な矛盾と認識されている。このルソーの論理は、意図と結果の反転を惹きおこし、自由のために自由を失うというジレンマを抱えることとなる。一般意志の体現者である人民主権は、「人民」の名において全能の歴史の推進者となるとき、歴史の現実としてはジャコバン独裁として現出した。かくて、個人主義・自由主義者ルソーは国家主義・全体主義者に転ずる。

マルクスにおいても、単一の「プロレタリアート」の間には対立や相克はなく、変革途上に立ち現れる問題は後れた非プロレタリア意識の改造の問題、すなわち「旧社会の母斑」＝階級矛盾の残滓とみなされる。国家の死滅を究極目標とし、そこに到る過渡期のプロレタリア独裁＝階級独裁国家に正当性を仮託する発想法からは、緊張関係が起これば起こるほど階級原則が優越し、法の支配や民主主義の課題は主要な問題とはなりえない。「革命的合法性」は、法と民主主義を超越して進行することになる。

振り返れば、歴史としての近代においては、身分や思想・信条に制約されない（逆に貧富の差をも顧慮しない）自由主義の思想があり、そこに民主主義が結びつけられ自由民主主義思想（ロック、ルソーさらにベンサム、J・S・ミル等）が成立する。近代の曙光を意味するフランス革命の「人権宣言」（一七八九年）においては、諸個人は生まれながらに「人および市民」として、国家に先んじる権利（生命・安全・財産）を保有するとされ、その権利と権利主体を近代的個人の権利＝人権に定めた。その歴史的意義は今日なお光輝いている。

しかし、上記「人権宣言」は、私的所有権を神聖不可侵の権利と宣揚した反面、労働・教育・福利等の権利については暗示されるに止まった。それは、個人的自由主義の帰結であり歴史的制約でもあった。それゆえ、民主主義と社会主義の関係について、従来の通説においては、ブルジョア民主主義における自由と平等は形式的に過ぎず、その実質的実現は社会主義をまつ以外にないとされてきた。しかしながら、その後の歴史は理論ではなく事実を以て、たとえ形式的自由にもせよ、一方で資本主義は参政権や社会福祉等一連の公民権の拡張と生活の向上を実現させてきたが、他方、二〇世紀社会主義の実態はこれらの面で大きく立ち後れてきたことを示したのである。

フランス「人権宣言」の丁度二〇〇年後ソ連・東欧社会主義は崩壊するが、そこでの民衆運動が求めたのは社会主義の進化ではなく、民主主義への回帰と復活であった。したがって、「マルクス社会主義」の通説に背理して、未だ民主主義革命の課題は歴史的に完結していないという議論（E・ラクラウ、C・ムフ等）が現れる。上記ポスト・マルクス主義者の論理においては、現代世界変革の地歩から、マルクスの提議した諸問題は依然中核的思想をなすとする。しかし、マルクスが作成した回答はもはや不十分であり、それゆえマルクスの理論体系・定式・命題に縛られず、それはのり超えなければならないと主張される。その理論的中心軸が「根源的民主主義」の理論と複数主義、および社会主義と民主主義の接合、「ヘゲモニー」の戦略である。

人類史において社会主義は特殊歴史的な課題であり、民主主義こそ永続的で普遍的な課題であるとされる。従来一般に、社会主義の目標としての私的所有の止揚・生産手段の社会化なくしては、真の自由と平等は実現されないとされてきたが、「生産手段の社会化」の課題をも民主主義戦略の不可欠の構成要素に組込んでいこうとする。階級還元主義的な民主主義および社会主義論からの脱構築の志向がみられる。

後期資本主義の進展の中で、労働者階級の存在様式およびそれを取巻く情況・構造も変化しており、社会的解放と変革運動の全ての形態を階級闘争に一元化することには無理があろう。端的に言えば、『共産党宣言』『資本論』における労働者は、産業資本形成期の就業構造に規定され、その主要な構成は単純・不熟練労働者よりなり、かつ機械制大工業の進展とともに労働の単純化は進み階級的一体性は深まると捉えられていた。

しかし、歴史の進行は専門的・技術的就業者の増大等、労働過程の専門化・分化・複雑化は一層進み、生活過程の変容・多様化と相まって、すでにベルンシュタインが予告したように、労働者の「市民化」は否応なく進行し、「市民」を主体とする社会の多元化の様相が現れる。

社会的変革は、『共産党宣言』(一八四八年)が措定した窮乏と抑圧の結果としてのカタストロフ＝大破局によってでは必ずしもなく、資本主義の下での文明化作用による労働者階級の成熟・向上を背景とし、むしろ、漸次的・改良主義的な戦略、民主主義的な社会主義革命路線の浸透が提起される。さらに揚言すれば、今日の世界を見回すとき、地球的規模での核開発と戦争と平和の問題、エコロジーと資源・環境・保健、フェミニズムとマイノリティの問題など、旧来の単純な経済決定論・階級一元論では包摂されえない問題が新しく浮上し、焦眉の課題となっている。それらは総じて、階級的民主主義および古典社会主義を超える多元的・永続的・普遍的な、人間としての新たな民主主義的生活の課題といいうるであろう。

今日、思想および社会・政治システムとしての民主主義について、上述のような問題領域・次元の拡がりと深さを念頭におくとき、先述「人民の支配」＝多数者支配の語義を基底におきつつ、むしろより歴史的・現代的・広角的に、然る目標に到る方法・選択・戦略としての意味内容が交錯・含意して表象されなければならない。したがって、近代民主主義の歴史的成果を継承する先進的社会主義においては、広汎な諸個人・諸階層の拡がりとそこに参加する多元的な利害関心をもった個別主体があり、その自律性、要するに自主・自立・自由の承認が必要不可欠な前提となり、その基礎の上にこそ社会主義が展望される。

すなわち、民主主義なくしては社会主義は存在せず、逆に、社会主義は民主主義の在り方・その質によって規定されざるをえないのである。結論すれば、「実現可能な社会主義」とは、なによりもかかる多元(複数)的民主主義の原理に立脚した「民主主義的社会主義」のシステムとして、構想・具体化されなければならないと考える。

三、「市場社会主義」へ向けて——「互恵的」市場論の提起と考察

記述のように、マルクスにおける社会主義革命の基本戦略は、プロレタリアートによる政治権力の奪取と資本制生産様式の基礎をなす私的所有の廃絶＝生産手段の社会化を出発点とし、したがってまた、政治的にはプロレタリアートの独裁、経済的には市場システムの廃止と計画経済の導入が目標であった。それは近代的な所有関係、貨幣・市場システム、労働雇用制度等、現今の社会経済システムの基礎をまさに一掃しようとするものであり、また、近代民主主義の政治システムについても、ルイ・ボナパルトの政権簒奪およびパリ・コンミューン時マルクスの言説等から分かるように、近代の普通選挙

システム、代表制議会制度・三権分立制等も、必ずしもポジティブな形で肯定されている訳ではない。

マルクスにおいては、彼自身の方法的・歴史的制限性に規定されて、民主主義と市場原理をふまえた漸次的改良主義の戦略、現代の先進的社会主義の路線、中間的な「第三の道」のような方法論は積極的には出てこない。むしろ逆に、「利己心 self-love」や競争等、現代経済生活の基礎をなす市場システム、ブルジョア的人間・社会類型を絶えず生みだすものは、新社会建設の障害となるものであり、それゆえ原則的に排除すべき否定的な対象としてしか捉えられていない。

しかしながら、前述「民主主義的社会主義」の問題と関連していえば、自由な交換経済＝市場は、意志決定の分散・選択・多元化と本質的に結びついており、したがって、市場システムは民主主義にとって十分条件ではないとしても必要条件であり、その物質的基礎をなす（R・セルツキー）。対照的に、計画経済は、計画作成・執行上単一の権威的中心（＝中央集権的政府）を不可避とし、したがって、非民主的管理機構・官僚制統治と対応する。

ソ連・東欧社会主義においては、ⓐ中央集権的計画経済、およびⓑ民主主義の制度的疾患、こそが最大の問題点であった。五〇年代に始まり三十年余に及ぶ経済改革の流れは、そこ（とくに⒜）からの離脱の試みであったこと、すでに歴史の実践に照らして明らかである。すなわち、上記⒜・⒝両者は、「マルクス社会主義」から派生するいわば同根の否定的現象というべきものであり、したがってまた理論的にも、今日、市場システムを欠落させた社会主義の現実的可能性は考えられないといえよう。

ロシア革命以後、約一世紀に及ぶ社会主義建設の歴史的過程の中で、マルクスの原点と照らし合わせつつ、凡そ考えうる限りの試行錯誤、実践と論争の試み（社会主義商品経済論争、社会主義経済計算論争等）がなされてきた。その結果明らかになったことは、当初のマルクスの構想通りには現実は進行しない、ということであった。

『資本論』もいうように、商品交換の始源は、単一の共同体の内部からではなく共同体の果てるところ、共同体と共同体が接触する処で始まる、つまり二つ以上の価値体系の交錯点で生成するといえる。何らかの支配的中心や権威の集中が存在するところでは、市場は発展しえない（逆はありうる）。市場が認める権威は貨幣のみであり、貨幣は生まれながらの「水平派」（＝平等主義者）である。

市場原理は、①希少性、②社会的分業、③経済主体の自立性、の三つの前提条件がみたされるときに成立する。『資本論』においては、このうち②・③を商品生産労働＝市場の必要・十分条件とする（①についてはとくに言及なし）。③の経済主体については独立の「私的生産者」（＝私的所有）を以て論定しているが、その後の経済、歴史理論の進化に鑑み、商品生産の射程を狭く規定しているといえる。しかし、ソ連社会主義においては、資本家的私的生産者は基本的に存在することはなく、しかも商品・貨幣・市場関係は存在した。

換言すれば、市場システムは、たしかに資本主義の下で最も発展するとはいえ、必ずしも生産手段の私的所有・資本制生産の産物であるわけではない。それは様々の歴史的形態、共同体間の交易や社会主義下での分業・生産組織とも結びつきうる。むしろ「実現可能な社会主義」を展望するとき、市場システムへの転回・活用なくしてその存立は考えられないといえよう。マルクスの社会主義論はこの経済学的枢要点において誤り、見落としをした。

「市場」システム（その否定と計画経済）は、「マルクス社会主義」論にとって原理的コアをなすものである（『資本論』冒頭章、『反デューリング論』等）。とすれば、「社会主義市場経済」論は、意識的であると無意識的であるとを問わず、まさにマルクス・エンゲルスの社会主義＝「非市場主義経済」論に対する「修正」を意味する。したがって、コア・原理における修正である限り、それは不可避的に他の諸側面と関連し、再考を促さざるをえないと言えるであろう。

いずれにせよ、市場システムの歴史的射程は想像以上に長い。言うまでもなく、凡そあらゆる歴史的制度や構築物と同様、市場は決して完善であるわけではなく弊害や欠陥もあり、そこに規制や制限がおこなわれなければならないこと、他の歴史的創造物と同じである。市場システムとともに「混合セクター」や「市民セクター」など、新たな所有・経営形態の創造的追求がなされねばならない。しかし、意識的人為的な計画により、市場メカニズムが方向性や優先順位など一定の変更・修正が加えられることはあっても、少なくとも近未来社会主義において、最終的に計画が市場に代替することはないといえよう。

概して社会主義諸思想においては、市場概念については利己心や競争とともに、否定的作用・現象を生みだすものとみなされてきた。マルクスも利己心や市場システムを原理的に否定し、「協同性」の上に共産主義社会を構想した。また近年、「市場社会主義」論を提唱するマルクス主義の諸潮流（かつてのマルクス主義正統派も含め）は漸増し、いまや多数派になっていると言えるが、しかしその場合も、せいぜいのところ市場を「必要悪」として受け入れるという消極的な認識の域を脱していない。かかる見方からは、市場システムのポジティブな存在意義、長期に渉るその歴史的存続と発展の事実を客観的に捉えることはできないだろう。

経済人類学者K・ポランニーにおいても、人類史における社会統合の形態を⒜互酬、⒝再配分、⒞市場の三つのパターンに大分類し、⒞市場（および利己心）を歴史的に相対化する創造的知見が提示されるが、⒜「互酬＝reciprocity＝互恵」と⒞市場（＝利己性）は対立概念とされ、後者は拒否すべきものと捉えられている。しかしながら、今日の進化生物学の理論（あるいはゲーム理論）からいえば、上記「互酬」制といえども実は利己性を基礎においたものであり、不完全な自己の利己性が他の同様な利己性と協同する姿に外ならず、したがって、互酬＝相互的利己主義＝安定した互恵・利他制（reciprocity altruism）となる（R・ドーキンス、R・トリヴァース等）。

上述の見地からいえば、⒞市場の発生経路は⒜互酬＝互恵制の社会的に変形・発展した形態であると理解することもできる。人類史の曙に遡れば、人々は血縁・地縁で繋がった狭く小規模な集団内で生活しており、素性が知れないもの・血縁関係が分からない人物とは「取引」をしなかったという。あらゆる個体に対し無作為・広範囲に、利己的にして利他的関係行為＝互恵的交換がおこなわれる場は、近代の市場システムをまたねばならない。

いかなる市場も一定の信頼・契約関係を前提とし、それは安定的な互恵＝協同関係が進化するための、一つの自然史的な補完機構とみなすことができる。したがって、市場システムは、人類史の知恵として自生的に生まれ発達した、社会的互酬＝協同の空間をなしており、簡単に除去できるものではありえない。したがってまた、貨幣は、往々いわれるように利己主義の権化であるとともに、むしろ互恵的公正性・安定した利他的交換の象徴として機能する。未開の小規模な経済ならいざ知らず、大規模に発展・複雑化した経済において、市場と貨幣なくして、如何なる社会にも不可欠な需要と供給、社会的総労働・総資源の配分・調整等の、円滑な経済運営ができるとは考えられない。近未来社会主義社会において、市場システムなくしては合理的社会生活が組織できないことは自明である。

アダム・スミスが説いているように、市場における利己心と交換性向（＝互恵性）は人間の自然的本性であり、社会発展の動因である。われわれが生活する社会は、聖人・君子の集まりからなるわけではない。社会科学の任務は、「利己心」＝「自愛心」＝「self-love」（「利己主義 egoism」とは異なることに注意）をもったごく普通の当たりまえの人間、リアルな現実を前提とした上で、どのようなよりよい・実現可能な社会システムがありうるか、適切なのかを求索することに外ならない。結論すれば、「実現可能な社会主義」とは、先行の幾多の社会主義者やマルクスのユートピア的代替案を、より現実的で実現性のあるオールタナティブにかえていくことに外ならず、それが二一世紀世界の歴史的要請となっているといえよう。

したがって、その基本構想としては、過去の理論的・歴史的な失敗に照らすとき、マルクスの社会主義像とは歴史的次元の異なる、政治的には「民主主義的社会主義」、経済的にはその基礎としての「社会主義市場経済」が、さしあたりそしてなによりも提起されなければならない方向になると考えられる。冒頭にも述べたように、「社会主義」が死語になろうとする際、旧来の形骸化した語義・教義にではなく、新たに現実的で豊富化した内実を以て応えることができるとき、「社会主義」は再生するであろう。

本稿は先行する内外の諸研究に依拠するものであるが、紙幅の制約により、引用注・事項注については割愛している。詳しくは、関連する下記の拙稿を参照願いたい。
『アソシエイションとマルクス』（花伝社《小冊子》、2011年11月）
「マルクスの『人間性』把握について」（『松山大学論集』第24巻4号、2012年10月）
「後期マルクスにおける革命戦略の転換」〈1〉〈2〉（『立命館経済学』第61巻6号、2013年3月／第62巻4号、2013年11月）等

【参考文献】

C・マクファーソン『自由民主主義は生き残れるか』（岩波書店、1978）、同『民主主義理論』（青木書店、1978）
E・ラクラウ、C・ムフ『ポスト・マルクス主義と政治』（大村書店、1992）
R・セルツキー『社会主義の民主的再生』（青木書店、1983）
K・ポランニー『大転換』（東洋経済新報社、1975）。同『経済と文明』（サイマル出版会、1975）
R・ドーキンス『利己的な遺伝子』（紀伊国屋書店、1991）
R・トリヴァース『生物の社会進化』（産業図書、1991）
加藤哲郎『東欧革命と社会主義』（花伝社、1990）
碓井敏正『自由・平等・社会主義』（文理閣、1994）
山本広太郎「マルクスの社会主義論」（『立命館経済学』第61巻6号、2013年3月）等

「ソ連」とは何だったのか——いまなぜそれを論ずるか

聽濤　弘

これから「世間受けしない」ことを最も愚直に書くことにする。「ソ連」とか「社会主義」とか、いまではほぼ死語になっている問題を論じようとするからである。なぜなのか。本稿はまずそこから始め、次に幾つかある「ソ連論」を簡潔に整理し、その後で今日的意識にもとづく自説を述べる。最後にわれわれの課題を一言述べて締めくくりにする。なお本稿は主題の性格上、ソ連の経済社会的側面の考察が主となっていることをお断りしておく。

一、ソ連崩壊が起こした理論的・思想的混迷

私は経済成長が止まり金融資本主義化した現代資本主義の諸矛盾を「ポスト資本主義」の展望を持たずに資本主義の枠内で解決できるとは思わない。こういえば「全般的危機論」の誤りの踏襲だといわれるかもしれない。いまマルクス主義者のなかでも「ポスト

資本主義」の社会体制は改良に改良を十分積みかさねた後、九九％の人々が意識して熟議したとき初めて明らかになるという人がいる。また資本主義の民主的変革とその枠を超える変革とを連続させてはならないという人もいる。これは当面の改良運動の重要性と、変革の主体形成に不可欠な理論問題を混同したものであり、マルクスなどは先走り過ぎたことになる。「飛躍」してみて初めてこれまでの過程が量的変化を追うことに「一面的に固執」した「漸次性」であったことが分かると説いたのはヘーゲルである（『小論理学』）。社会民主主義者も、その源流は当面の状況のもとでは妥協以外に道がないとして中間的解決にとどまったのであって、スウェーデンの現在の社会民主党でさえ「反資本主義党」であると宣言するのをはばかっていない（ソ連崩壊後の二〇〇二年「綱領」）。

それでは資本主義のオールタナチブは何なのだろうか。いまマルクス主義者の殆どが「社会主義」を語らなくなった。しかし丸山真男氏はソ連崩壊後の一九九五年に「いまよいよ本当の社会主義を擁護する時代になった」と述べている（『図書』同年七月号）。呼称にはこだわらない。何かのオールタナチブは示す必要がある。よく「市民社会」を土台とした社会だといわれる。しかしその経済的土台をはっきりさせる必要があろう。経済的土台のない社会はありえない。マルクスを「再読」して社会主義を再構築する積極的試みもあるがその結果、社会主義は数世紀先にしか実現できないというユートピア主義的なものもある。

こうしていま政治生活の舞台をとってみると現実にある「理論」はただ一つ、「国民の懐が暖まれば資本主義経済は成長する」というケインズ主義左派理論だけである。資本の規制・克服という理論は現実にはなくなった。これら全てのことはソ連崩壊によって起こった。ソ連崩壊が左翼戦線に引き起こした理論・思想上の混迷である。「ソ連とは何だったのか」を今日的意識に照らし考え直してみる必要があると思う所以である。

二、四つに分けられるソ連論

ソ連とは「全体主義的社会主義」、「兵営社会主義」といった規定があるが、これはソ連社会にただ形容詞をつけただけのもので検討に値しない。これとは別に以下の四つの見解がある。簡単なコメントをつけて整理する。

第一は「国家資本主義」論である。

この用語自体はレーニンがロシアの一側面を表現するために使ったことがあり、ソ連崩壊以前からあった論である。しかしトロツキーがいうように「それがなにを意味するかをだれも正確には知らないという点で都合がよい」概念であった(『ソ連とは何か。それはどこへ行くか?』)。

この点でソ連崩壊後、日本のマルクス主義学界では経済的内容を明確にして使われるようになった。その主要なものは、①ソ連は国家の担い手であるノメンクラツーラ(党と国家の官僚)によって労働者が搾取される社会であった。ペレストロイカは国家規制を無くしたので「国家」がとれて資本主義が全面的に開花することになった。②ソ連は国家が工業化を進めたが、機械制大工業の上には資本主義が成立するのであり国家資本主義となった。③ロシアには社会主義の物質的基礎がなかったため機械制大工業化をしなければならず「自覚的」に国家資本主義がつくられた、という三論である。

①はノメンクラツーラの実態研究に欠けるし、ペレストロイカ論は概念的すぎる。②、③は確かに機械制大工業化はブルジョア革命の課題であるし、またこの説はソ連をこう規定したからといってソ連を否定物として「切り捨て」ているわけでもない。しかし「機械制大工業イコール資本主義」だけとするのには疑問が残る。

第二は「国家社会主義」論である。

これは積極的意味ではないがなにはともあれ社会主義であったと規定する。論立ては様々だが国家がすべてを取り仕切る社会主義であったという点は一致している。この根源はレーニンが「国家社会主義者」であったからだという人もいる。マルクスは「協同組合的・地域主義的社会主義者」であったのにレーニンがそれに反したためソ連は崩壊に至ったとする。しかしマルクスは「国家社会主義者」であったため(『共産党宣言』)、バクーニンから攻撃をうけ激しい論争がおこった。マルクスを都合よく使うと最も困るのはマルクス自身である。

第三は「非資本主義」論である。

これはトロツキーに起源するものである。彼は生産手段が社会化されている以上、資本主義とはいえないが、かといって官僚主義に歪められた国家を社会主義とするわけにはいかないと主張した。ソ連は社会主義へ前進するかもしれないし資本主義に後退するかもしれないと見た(前掲書)。これと類似した説は今日でもある。生産手段の社会化をどう理解するかという問題はあるが傾聴に値する。

第四は学界とは別であるが、ソ連は社会主義社会でなかったのはもちろん、「過渡期」にある社会でもなかったとする説である。理由はソ連はスターリンの大量弾圧による「囚人労働」によって建設され支えられた社会であり、このような社会を「社会主義」か「資本主義」か「過渡期」かの図式のどれかにあてはめようとするのは誤りであるという。それでは何かについては明らかにしていない。これは「囚人労働」の過度な強調だと思う。

大別すると以上のように整理することができる。ソ連は非常に複雑な社会であり積極的側面・否定的側面・歴史的後進性・国際環境等々を考慮し規定しなければならない。

三、必要なソ連史全体の鳥瞰

一九一七年一〇月二五日をレーニンは「世界革命の第一日目」と呼んだ。トロツキーもブハーリンも十月革命に続いて先進国革命が来ることに疑いをもっていなかった。スターリンだけが早くも一九一八年に西欧革命は来ないと断言した（E・H・カー『ロシア革命』)。

レーニンは頭の切り替えが早かった。あるがままのロシアで社会主義建設をする以外ないといった。帝政時代に蓄積されたロシアのあの貧困・窮乏・精神的荒廃を資本主義を発展させる道によって解決することはできなかった。困難は明白であった。トロツキーはロシア共産党の政治局が「七人のマルクス、七人のレーニンで構成されていたとしても克服するのは不可能」な困難であったといっている(論文「危険信号」)。したがってレーニンは「自殺したくなければ」、自由の一定の制限など「まずいやり方」で社会主義建設を開始しなければならないので外国の同志は真似しないで欲しいといった。しかし「まずいやり方」だと「意識しているかぎり」、いずれわれわれはそれを「克服」することができるといった(「ロシア共産党(ボ)第七回大会」)。レーニンのリアリズムと知性である。

スターリンは「まずい」どころか周知の最大級の誤りを犯した。そうして三〇年代半ばに抑圧的ソ連社会が形成されたが、それをコミンテルンとともにソ連における「社会主義の最終的勝利」と宣言してしまった。その後ヒトラーの侵略との壮絶な戦い、戦後の「冷戦」という鋭い緊張が続きこの三〇年代型社会は維持された。

フルシチョフはこれを直そうとした。ブレジネフはゆり戻した。しかし「十月」に始まった過程はブレジネフ時代（一九六四年―八二年）に国民生活をソ連史上、最高水準のものにした。もし戦争と「冷戦」によって余儀なくされた大規模な軍拡がなければ、よりいっそうの生活向上を実現し、また経済構造の奇形化を多くの点で避けることができたであろう。こうして「世界革命」が到来しないまま複雑な歴史を通り抜け七〇年近くが過ぎたときゴルバチョフが現われた。

ペレストロイカを始めたゴルバチョフは一九八七年に科学アカデミーかモスクワ大学かで社会主義の「新しい理解について」と題して三回の連続講座をおこなおうとした。実現はしなかったが興味ある講演のメモが残されている。

「第一段階はわれわれの古典家たちがつくりあげた概念の在庫調べ」。「彼らの持っているものの全ての分析」。

「第二段階はレーニン。彼の社会主義観の発展。とりわけソヴィエト政権の下での発展」。その際、ブハーリン、トロツキーの見解の研究、レーニン存命中の党大会の速記録の研究が必要。

「第三段階は、ソ連における建設の経験」。その際、スターリンの『ロシア共産党小史』

に立脚せず外国人の書いたもの、反体制派がだしたものの研究が不可欠。
「次の段階は、ペレストロイカの過程での社会主義の本質の理解における理論的収穫」。「ペレストロイカの目的」は「人間疎外の克服」。「すなわち、いかにして人間を経済へ、政治へ、社会的実践へ、社会の精神生活へ戻すかという課題である」(アナトーリー・チェルニャーエフ『ゴルバチョフとの六年間』より)。

これがソ連史である。もしこのペレストロイカが成功していればソ連は十月革命とともに世界史に新しいページを開いたことであろう。「ソ連とは何だったのか」はこれらの全過程を視野に入れて規定されなければならず、「スターリンの犯罪」によってソ連を黒一色に塗りつぶすことはできないと思う。

四、今日的意識からみたソ連論

ここから私のソ連論を述べる。どのような社会構成体も土台―上部構造―人間の一定の社会的意識諸形態によって形成されている(マルクス『経済学批判序言』)。しかしこの

「順序」に従って下から社会構成体が自然に形成されていくものではない。経済的土台そのものが人間の意識的活動によってつくられるのであり、形成された土台が人間の意識をまた変えるという相互関係にある。こうして社会構成体が交代してきたのが人類の歴史である。社会主義一般もソ連社会についての考察も、この人間と土台の相互作用の視点をもつことが特に重要である。なぜならそれはこれまでの搾取制度を廃絶した、次元の違う社会構成体をつくろうとするので特別に人間の意識性を必要とするからである。しかしソ連ではこの相互作用が極めて跛行的に進んだ。

ロシア十月革命と史的唯物論――そもそも史的唯物論の定式を生産力主義的にとらえるならばロシア十月革命は誤りであったであろう。ソ連崩壊後、社会主義の生産力はIT技術だという議論がある。しかし社会主義に絶対的生産力水準というものはない。マルクスはあの時代の生産力で社会主義が来ると確信していた。社会変革にとって最大の問題は変革の主体の形成である。周知のとおりレーニンはロシアには社会主義の物質的前提がないのに社会主義革命に誤って踏み込んだという非難にたいし、〝権力を掌握しその後から西ヨーロッパの文化水準を獲得してなぜ悪いか〟と反撃した（「わが革命について」―エヌ・スハーノフの記録について）。注意すべきは「生産力」とはいわず「文化水準」といっていることである。なぜか。レーニンは革命を成就させる社会主義建設の最大の困難性をロシア人民の文化水準の低さ、「民度」とでもいっていいようなものの低さにみたからである。それでもレーニンは「まず重大な戦闘にはいるべき」というナポレオンの言葉を引いて、それでよかったといっている（同上）。

しかしロシアの生産力・文化水準の低さ、高い意識性はボリシェビキ党だけという事態に直面した。ここに大きな跛行性が現われ、それがソ連社会を規定づけていく重要な要因となった。

レーニンと「代行主義」――レーニンの社会主義建設の出発点は「労働者自主管理」であった。企業の国有化ではなく「労働者統制」、「労働者管理」を導入した（「労働者統制令草案」その他）。「労働組合」に企業運営を任せてもいいとまで「綱領」（一九一九年）に書いた（『ソ連共産党決議・決定集』第二巻）。しかし労働者の文化水準が低く管理能力がなかった（四則の計算すらできない労働者がいた）ことと、労働者が全く無規律であったことから成功しなかった。そこで国有化し、能力をもつた党員を管理に送りこみ「単独責任制」・「作業中の独裁」の導入、労働組合の役割（労働者国家ができた以上、要求組織であると同時に国家意思の伝達的「歯車」の役割）の明確化をおこなった。総じてこれらは党による「代行主義」（ドイッチャー）といわれるものである。

ここからよくレーニンが使った言葉・概念だけを繋ぎ合わせて「スターリン体制」の根源はレーニンにあるとする議論がある。しかしこれはいまみた当時のロシアの労働者の状態を無視した議論である（詳細は「労働組合論争」、トロツキー・ジノーヴィエフ「合同反対派綱領」参照）。ツアーリズムのアジア的専制支配の伝統を土壌にもつこの国で革命と内戦の混乱期にレーニンが「権力主義的」手法をとった場合があったことを否定しない。しかしそれは「レーニン主義」ではない。スターリンのレーニンとの決定的な違いは、犯罪的誤りを別とすれば、スターリンが「代行主義」の要となった党を変質させたことである。これはソ連社会を全く奇形化してしまった。この点は後でみることにし、レーニンが「戦闘にはいって」みてよかったというソ連の七〇年間の到達点をまずみておきたい。

ソ連の到達点について——愚直に述べるが十月革命はなによりもまずソ連を「めしの

食える国」にしたことである。完全雇用と社会保障を確立し格差の極めて少ない全般的福祉社会を実現した。先進資本主義国でも「福祉国家」が成立したといえるが、それは資本にたいする国民の不断の闘いの結果であり、また資本主義経済が低成長期に入った一九七〇年代以降つねにその破壊に晒されている。十月革命は国家が国民生活の基本を保障する国をつくった。加藤周一氏はソ連が崩壊したときソ連は「衣食住たりてのんびりやっていける」社会であったと述べている（『私にとっての二〇世紀』）。一九八四年の、かの有名なサッチャー・ゴルバチョフ会談の際、彼女に事前レクチャーをしたオックスフォード大学のアーチ・ブラウン教授は、ソ連の労働者は自分の「権利（完全雇用・基本的生活諸条件）」に「慣れっこになっている」と述べている（『ゴルバチョフ・ファクター』）。

しかしそのなかで「労働意欲の低下」（加藤）、「ペレストロイカへの抵抗」（ブラウン）が生まれた。ゴルバチョフ自身も「社会の一部に寄食者」をつくりだしたと述べている（『ペレストロイカと新思考』）。ペレストロイカは国民生活が「危機」に陥ったために開始されたものではない。ソ連社会が苦難に満ちたスターリン時代を通り三〇年ほどを経過し、ある発展段階に達したとき、従来の経済社会制度の変革に迫られて起こったものであり、この到達点は十分に評価されなければならない。「人権のないところに福祉なし」

とかとして、この達成を蔑視する議論が日本に存在するが自らの足元をみたほうがいいのではと思う。

ソ連の生産関係をどうみるか――この達成は分配の分野の問題であり生産関係とは無関係であるとし、ソ連を分配から評価することはできない（ならない）という主張がある。しかし分配は生産関係の本質からでてくるものである（例えば『資本論』第3巻51章「分配関係と生産関係」）。それではソ連の生産関係とはどういうものであったのか。

生産関係の根本は誰が生産手段の所有者なのかという点にある。よくソ連ではノメンクラツーラ所有であったとされる。しかし法的にはあくまで労働者階級（全人民）が所有者であった。ノメンクラツーラはあくまで国家行政を担当する「官僚」である。問題は支配階級であるはずの労働者階級からの、ノメンクラツーラの独立性が極めて大きかったことである。

労働者は生産手段の所有者であっても分配・生産物の価格決定等々、生産手段の管理・運営から外され、それはノメンクラツーラの権限であった。ここから生産関係に特異な二重性が生まれた。

ノメンクラツーラは生産手段を「自由に」管理・運営するが、その所有者である労働者の利益を考慮しなければならない。ノメンクラツーラは各種の「特権」をもっていたが、その維持・拡大のためにソ連の経済政策を立案・実行することはできなかった。経済政策の基本は工業化・軍事化の制約があったものの国民生活向上のためであった。

一方、労働者は管理・運営権がないためノメンクラツーラに従属している。しかしなにはともあれ国家が生活の基本を保障してくれるという安心感はもつ「受動的」階級となった。「ノメンクラツーラ対労働者」の階級対立関係ができたわけではない。上部構造での自由と民主主義の抑圧という跛行をともないながらも、このような肯定面・否定面の交錯する生産関係が形成された。分配面での達成が得られたのは、生産手段の社会化がおこなわれ社会主義的生産関係の一定の形成が目指された結果であることは否定できない。これは「ソ連とは何だったのか」を規定する重要な点である。

「囚人労働」に支えられた社会か――ソ連社会の最大の悲劇はスターリンの大量弾圧である。

そこから次のようにいわれる。ソ連の大規模建設の基礎は三〇年代から五〇年代にかけてスターリンの暴力的農業集団化と大量弾圧による犠牲者の「囚人労働」によってつくられた。スターリン以後いくらかの手直しはあったものの、この「囚人労働」によって支えられた社会から抜け出すことをソ連指導部はやろうともしなかった。このような社会は「過渡期」にある社会でもない。

スターリンの犯罪が許されるものでないことはいうまでもない。しかし残酷な言い方だがスターリンは労働力資源をつくりだすために「大テロル」をおこなったのではなく、文字通り反対者の「人間的抹殺」を目的としておこなったのである。あのロイ・メドベージェフも、収容所制度は「人間の絶滅を完全に意識的に計算したもの」であったと述べ、このことが逆に工業化を「緩慢」にし「有害」な結果をもたらしたとし、その各種の具体例を指摘している（『スターリン主義の起源と帰結』）。

ソ連の工業化は国民総動員方式でおこなわれ労働の強化等々多くの矛盾に満ちたものであったが、同時に物質的刺激、若い世代の抜擢、国民生活の向上、教育水準の向上がはかられ、まさに全国民の「熱狂」のもとにおこなわれた。メドベージェフはこの事実を「誰も否定できない」といっている（同上）。

ソ連崩壊後、犠牲者の数など新しい資料がでてきたが、ことの本質を変えるものではない。またフルシチョフやゴルバチョフがソ連社会の変革を試みたことは明白な事実である。「囚人労働」社会というのはあまりにも過度な強調である。

国家的所有という「無所有」――ここでソ連経済の基本であった国有化と計画経済の特徴についてみておきたい。国有化された全ソ連のすべての主要産業分野に大臣が任命され、その数は極めて多かった。国民が大臣の名前を知っていたのは国防相と外相だけであった。ソ連がノメンクラツーラ支配社会であれば大臣になることは極めて喜ばしことであるはずである。しかしみな大臣になるのを嫌がった。計画課題が遂行されなければすぐ責任をとらされ辞めさせられるからである。それでは経済活動の頂点に立っていたのは誰か。ソ連共産党中央委員会であった。その頂点に立つのは二〇名程で構成される政治局である。それではソ連の生産手段の真の所有者は政治局であったとすれば、これは最早「カリカチュア」である。

国家的所有一般がそうであるというわけではないが、ソ連におけるそれはこのように誰が所有しているのか判然としない、あえていえば「無所有」ともいえるものであった。労働者には所有者意識はなく、また計画課題の追求だけを求められる大臣・企業経営担当者にもその意識はなかった。「総資本」という概念はあるが「総ノメンクラツーラ」という概念が成立し得ないのは、先述したとおり彼らの総体としての私的利益追求というのはなかったからである。結果的に「無責任主義」が生まれた。「生産手段はみんなのもの」というのは実に曖昧なものであった。実際、ブレジネフ時代とペレストロイカ期には「無責任主義」が蔓延した。ソ連を「国家主義社会」にした経済的基礎は国有化にあったとし国有化は誤りとする議論があるが、かならずしも当たっているわけではない。

計画経済について——これはソ連論で一番難しい問題であろう。計画経済は中央集権的にならざるを得ず人間の自発性・活力を枯渇させるし、また枯渇させソ連崩壊に繋がったというのが大方の見方である。実際ソ連にあったのは主要産業部門の物量的生産課題を国家計画で定め、その実行を義務づける「指令的」な「国家統制経済」だけであった。これは工業化には一定の役割をはたしたが、その後機能不全に陥った。

マルクスは「事後の理性」しか働かない市場経済に代わるものとして「事前の理性」が作用する計画経済を対置した。その際人間は自分の個々の労働を「意識」して一つの社会全体のために支出することができるような人間に変わっていることを前提にしている（『資本論』第一巻で「気分をかえて」資本主義に代わる社会を考えてみるとした箇所）。

しかし利己心を捨て自己と社会を自分自身で調和させることのできる意識的人間がいつできるのだろうか。私もマルクスを「再読」してみたがマルクス的計画経済は人類史的課題であることを再認識した。その実現をもって社会主義とするなら、その到来は数世紀先かあるいは予見しえないものとなろう。したがってそれがソ連で実現しなかったのでソ連は社会主義ではなかったとする論拠にはならない。むしろこの面でのソ連の苦闘はいまだ存在しない「社会主義的計画経済」をこれからつくりだすうえでの大実験であったとみるべきであろう。市場経済と結合した「実現可能な」計画経済の探求こそ重要である。

党の変質について――ここで保留していた党の変質についてみる。この過程は様々な要因が重なりあっていて単純ではないが、とくに次の二点を指摘する。スターリンは党内の異論を許さなかった。「一国社会主義論争」を行政手段で決着させて以来、公開論争を一切禁じた（トロツキーは除名・国外追放、ブハーリンは除名・出身地モスクワの市党委員会の解体・再編）。よく一九二一年にレーニンが分派を禁止したため「スターリン体制」ができたという議論があるが、「一国社会主義論争」は歴史の必然としておこったのであって、レーニンは論争を弾圧するような人物ではけっしてなかった。徹底的な民主的公開討論を組織し解答を見つけだしながら、党を団結させ前進させていったであろうことは確かである。

イタリア共産党のグラムシは、スターリンがトロツキーを行政的に排除しようとしていることを察知した一九二六年に、スターリンにたいし「あなたがたは自らの事業を破壊し」、「権威を地に落とし」、ボリシェビキ党の「レーニン主義的安定化」を台無しにしているという強烈な抗議の書簡を送っている（イタリア・グラムシ研究所編『グラムシと二〇世紀』）。政権党であるが故に公開討論の禁止は、「ロシア人はみな一つの言葉で話す」国（アンドレ・ジード）にすっかり変えてしまった。

論争の成否は実践によって検証されるといわれる。これは実践がもつ一つの真理であるが、「正論」であろうと「異論」であろうと人間の認識は実践をとおして得られているのであり、結果がでる以前から双方とも尊重され討論されなければならないものである。

党の国家化と位階制社会の形成——党変質のもう一点はノメンクラツーラの形成とともに党を国家化し位階制社会をつくったことである。ノメンクラツーラとはどの会社・

組織にもある普通の人事管理の名簿のことである。人事部が職員の学歴、経験、能力、性癖を掌握し適材適所に人を配置することである。

ソ連ではレーニン時代からあったが三〇年代に三つの質的転換がおこった。①党中央が地方組織の幹部を上から任命する一元的管理制度をつくった（形式は地方組織選出）。またそれは中央の政策課題に従って任命されるので独特な幹部集団が形成された。②党の大衆政党化という名目で党が軍・警察・外務・経済等々の国家機関、主要産業の企業、労働組合、各種研究機関の幹部を任命した。少なくとも党中央を「通す」必要があった。③給与・社会生活での特権を付与した。こうして党は市民の団結権にもとづく結社から統治権力機関（国家）に変質した。その結果、党政治局を頂点とする位階制が全社会に形成された。住民の文化水準の低さのため党が上に立つという跛行性は社会的に固定化され、「変革者の党」は「出世の党」に変質した。これは極めて歪んだ上部構造をつくった。

しかしここでも注意すべきはノメンクラツーラ全員が「特権階層」化し「反人民的」になったわけではないことである。非常に誠実な幹部・職員は多くいた。「反ペレストロイカ」の中心的人物だといわれたリガチョフ政治局員は汚職追放・企業再建に東奔西走するきわめて誠実な人物であり、逆にゴルバチョフの片腕であったヤコブレフ政治局員はペレストロイカが困難にぶつかるとあっさり「親資本主義路線」に転換したことに象徴されるように、ノメンクラツーラ内部の人的構成も単純なものではなかった。

私の結論――ペレストロイカ失敗の解明なしにはソ連論にならないかもしれないがここで論じる余裕はもはやない。ソ連大国主義の破綻、民主主義の抑圧、ゴルバチョフ指導部の思想的変質、「社会主義経済成立不能論」等々いくらも説がある。私は次のことだけを指摘しておきたい。帝国主義の軍事的包囲と敵視の下にある「一国社会主義」の重圧と苦悩と緊張は絶大なものがあった。ペレストロイカ失敗の対外的要因は帝国主義諸国がソ連の対外政策の誤りを狡猾に利用し社会主義を潰す目的で強烈な外交攻勢をかけ、それに屈服したこと、対内的にはソ連の再生がスターリン主義批判の限界にとどまり、「自由」と「民主主義」の社会主義的内容が社会的には語られなかったため、一挙に体制転換に事態が流れたことである。「ソ連とは何だったか」の私の結論は以下のとおりである。

ソ連は世界史的にはロシア十月革命によって資本主義から社会主義への人類の「移行期」を切り開いた。そして幾多の誤り試行錯誤を繰り替えしながら、極めて未熟なものではあったが社会主義的生産関係の形成を目指していた「過渡期」にある社会であった。しかし『経済学批判序言』のいう社会構成体の新しい形成は、世界革命が到来しないことも一つの大きな要因として蓄積された内外の諸矛盾によって失敗に終わらざるを得なかった。このことを「喜び」とするのか「残念」と思うのかは個人の選択であろう。

おわりに

現代資本主義はマルクスの時代ともソ連の時代とも違う「新しい社会主義」をつくる諸条件をもっている。何よりも生産力の発展は「二〇世紀社会主義」が悩んだ生産と消費の限界性を量質ともに克服している。また文明の発展は労働者のなかに「階級性」と「市民性」を同時につくりだしており、変革主体と変革内容に新しい可能性を開いている。三ヶ月しかもたなかったパリ・コムミューンからマルクスとレーニンがあれだけ学んだように、ソ連は「過渡期」でもなかったとして切り捨てるのではなく七〇年間もったソ連の経験、四〇年間のユーゴスラビアの経験から貴重な教訓を引きだし、現代資本主義主義が生みだす諸特徴と合わせて実現可能な新しい社会主義のオールタナチブを構想することが重要であろう。

自主管理社会主義〈ユーゴスラビア〉の歴史的意義を再考するために

岩田昌征

はじめに

「ユーゴスラビア社会主義」について論ぜよという要請があった。私は、社会主義体制の形成と崩壊の論理について数冊の論書を発表しており、ユーゴスラビア社会主義の矛盾と終焉に関しても論述していた。同じようなことを書く必要を感じられないので、私のユーゴスラビア社会主義研究半世紀の要々に公表してきた既論考の重要なオリジナル文章を抜粋・編集する形でユーゴスラビア労働者自主管理社会主義の実践とその意味を再考したい。

以下、第一節から第五節まではこのような趣旨で論考されている。第六節では、自主管理社会主義の良き面を経験した人々が、突如出現し暴走する資本主義の中で、右往左往し対応に苦しむエピソードを紹介した。

第一節　資本主義復活の初発的予見

一九八九—九一年期、ソ連東欧の社会主義体制が全世界勤労民衆の目前で自壊した。ソ連東欧とは異なる路線を歩み、異なるタイプの社会主義を構築してきたユーゴスラビア社会主義もまた、自壊の程度がより少なく、他壊の程度がより大きいにせよ、やはり崩壊した。私はここに、自分の旧著に即して、私のユーゴスラビア社会主義像を反省的に回想してみたい。

私は、圧倒的多数のマルクス系社会主義者と同じく、社会主義を資本主義内部に自生しない経済社会であると考えていた。

社会主義経済というのは、資本主義社会の内部に制度として自生的に誕生し、成長して、やがて、資本主義の経済制度・政治制度と決定的に対立・抗争し、それらを自己の発展の桎梏として革命によって打倒するという風なプロセスで歴史に登場するものではない。革命の成功者レーニンが何回となく強調しているように、最初に、資本主義の政治権力を打倒するプロレタリアの社会主義革命が起こり、ついで、その革命権力（＝プロレタリアート独裁権力）が資本主義経済制度の根底（生産手段の私的所有と労働力の商品化）を破壊しつつ、社会主義経済の生産関係を創造・形成・確立していくプロセスである。（〈A〉p.5）

しかしながら、私は、多くのマルクス系社会主義者と異なって、社会主義革命権力が社会主義・共産主義なる新社会を建設出来ずに、旧社会に回帰する可能性を社会主義研究の初発から想定していた。

新しい生産関係の創造であり、またこの創造なしには旧制度の破壊も根絶も完全にかつ長期的に実現することは不可能であるという関係にあるのだ。ちょっと考えるだけで明瞭になる。資本制的株式会社組織を打破した。しかしそれに代替し得る生産の組織形態をただちに形成しないならば、この打破とは単に生産の杜絶を意味するに過ぎないではないか。その通りだ。長期間そのような状態を続けることはできない。生産は至上命令だ。しかし、未だ新しい社会主義（・共産主義）的と形容し得る生産の組織形態は発見されていない。とすれば、人類が数千年の歴史の成果として経験的に獲得した最良の生産組織形態が資本制的株式会社あるいは資本主義的国家企業であるとすれば、それらのあるいはそれらに類似の生産組織様式が不可避・不可欠に再興するであろう（〔A〕p.7）

通常は、つまりソ連型の過渡期理解によると、前頁の図B時点（生産手段国有化の完成時点――平成二六年筆者注）をもってなにか歴史的に決定的なもののように、より具体的にいえば、資本主義（あるいは階級社会）への折り返し不可能時点のように考えられがちであるが、必ずしもそうとはいえないのである。（〔A〕p.15）

私が上記出典『比較社会主義経済論』（日本評論社）を執筆したのは一九六八年であり、出版したのは一九七一年であった。今日、ソ連東欧における私有化、あるいは再私有化の強行、中国共産党統治社会における資本主義的民有部門拡大と国有部門縮小を目撃しつつ、私の洞察を誇るべきか、悲しむべきか、複雑に心が動く。

第二節　国権主義的社会主義と民権主義的社会主義

私は上記著書と第二作『労働者自主管理』（紀伊國屋新書、１９７４年）において、経済社会を考察する五次元標識を提起した。①所有制、②経営管理様式、③分配関係、④社会的分業の編成様式＝個別的労働の社会的結合様式、⑤社会経済主体。

以上の如き枠組を利用して、純粋資本主義の理論像、国権主義的社会主義の理念像そして民権主義的社会主義の理念像を簡潔に描写することができる。

純粋資本主義……①—生産手段の私的所有、②—生産手段の所有者あるいはその代理人による専制的企業内規律、③—利潤および労働力商品の売買価格である賃金、④—市場メカニズム、⑤—資本家あるいはその代理人としての経営者。

資本主義経済社会を否定し、それに取って替るべき社会主義経済社会の理念像として、国権主義的社会主義……①—生産手段の国家的所有、②—国営、すなわち国家の選任する企業長をトップとする管理者層による経営管理、③―国家が定めた規準による国家の評価する労働に応じた分配、④―国家的中央集権的計画化メカニズム、⑤―共産党指導部・国家官僚集団。ソ連に典型的に見られる社会主義像である。「国権主義」と呼ぶ所以は、国家の権力・権利・権威を中心に構成されている経済社会であり、「社会主義」と見なす所以は、資本主義経済社会の否定形のあり得る一つの型であり、また奴隷制や封建制への復古でも無いからである。

民権主義的社会主義……①―生産手段の社会的所有の国家的形態からより高級な社会的形態への推転、②―国家と労働集団の合営（前者の役割は非国家的社会組織によって急速に代替されるべしとする）、③―国家と労働集団の合同評価による労働に応じた分配（前者の役割は非国家的社会組織によって急速に代替されるべしとする）、④―市場メカニズムとその社会計画による制御、⑤―労働者個々人・労働集団・国家（後者の役割は非国家的社会組織によって急速に代替されるべしとする）の三重構造。ユーゴスラヴィアで発展させられた社会主義像である。「民権主義」と呼ぶ所以は、国家死滅の志向が明瞭であるからであり、「社会主義」と見なす所以は、資本主義経済社会の否定形のあり得る一つの型であり、また奴隷制や封建制への復古でも無いからで

ある。（〔B〕pp.31-32）

私が上記二著を執筆・出版したとき、すでにして一九六八年八月のワルシャワ機構軍によるチェコスロヴァキア侵攻と「プラハの春」の軍事的抑圧を目撃していたし、収容所列島の如きスターリン主義悪を十分に知っていた。そこでマルクスとエンゲルスに次のように語らせた。

天国あるいは地獄にいるマルクスとエンゲルスは、民権主義的社会主義の理念像を俗世から再び取り寄せ、再読して、「商品生産を廃止しない社会主義、それは矛盾せる概念だ！　しかし、同時に実社会の矛盾だ。言葉の上での解決は無益だ。意識せる労働者階級が商品生産の中にいつつ、それを制御し、労働者自主管理制社会主義に奉仕する有効な経済メカニズムに仕上げるかどうか、歴史の実験に任せよう」と書き送ってくるに違いない。（〔B〕p.46）

そして、私が経済社会のあり様を評価する基本姿勢を次のように記しておいた。

今日の社会主義諸国が直面している本質的課題は、自分達の社会主義社会が社会の基本構造において旧社会と異なる、資本主義社会と異なるという事実にもはや満足してはおれず、定義上のみならず事実上も資本主義経済社会より優秀な経済社会であることをその市民達、すなわちブルーカラー、ホワイトカラー、技師、知識人そして農民に実証し、実感させることである。すなわち、現代社会主義と現代資本主義の優劣は、定義によってではなく、事実によって、そこの住民の物質的・精神的福祉を他所の住民を犠牲にしないでより高く向上させ得るか否かによって定まる。定義上、国権主義的社会主義は、純粋資本主義よりすぐれており、民権主義的社会主義は、国権主義的社会主義よりすぐれていると宣言してみても、まじないにもならないのである。

（〔B〕p.32）

第三節　労働者評議会誕生の神話的感動

今日、不可抗力的に進行している私有化・再私有化の潮流に流されている旧ユーゴスラヴィアの人々は、国有化から社会有化を、官僚的経営から自主管理的経営を推進した社会経済システムが四〇年間も存続しえたのは何故か、その秘密がどこにあったのか、まったく分からなくなっている。それは、労働者自主管理誕生時代の大衆的欲求と指導理念の幸福な合致が生みだしたエネルギーにあった。そのエネルギーが資本主義の深層海流を無化する力はなかったにせよ、一時期その再浮上を阻止する力は、たしかにあった。以下に私の著書から関連個所を紹介する。

一九五〇年も間近に迫った、風の冷たく強い日の午後、ソリンの町は、まるでカール・マルクスがその理想をひっさげて急行列車で到着したかのようだった。セメント工場のホールの壁にマルクスの肖像が花輪で飾られていた。その下に「工場を労働者に！」と言うスローガン。マルクスは、このホールに集う労働者達の思想と心情の中に生きる、この労働者集会の名誉議長なのだ。

ホールはざわめいた。選挙管理委員会が選挙結果を、選出された管理者のリストを読み上げた。

——アンテ・ボビチ（鉱夫）、アンテ・ジレズニク（鉱山長）、ヨゾ・クリャコヴィチ（回転炉の指導者）、アンテ・ガベリチ（大工）、カルロ・クーテル（機械工）、イヴァン・ドラシコヴィチ（リフトの指導者）、イヴァン・スゥシチ（輸送労働者）、アンテ・ヴゥチーチチ（建設部門の指導者）、アンテ・トゥルコ（技師、企業長）——

彼等は、ただちに自分達の議長として大工のアンテ・ガベリチを選んだ。人々は、彼を祝福し、彼は、信任に感謝して、演説しようとした。とうとう、マルクスの理念が復活したのだ。ソリンの町にまるで故郷に帰ってきたかのように、マルクスは……。彼は絶句した。人々は、中背のきびきびした身のこなしをするこの男を見つめた。彼は、勇気をふるって語り始めた。

——我々は、長い間望んでいたものを実現した。これは一九二六年に私がここに来たその日以来の夢であった。諸君も知っておられる通り、私は真のプロレタリアだ。ここにおられる多くの人々と同じように、一時間当り一ディナール半で働いていたのだ。この大きな灰色の建物で、また向うの鉱山と坑道の中で、諸君の多くと同じ最も美しい日々を過したのであり、エネルギーと青春を破砕してきたのだ。諸君は良く覚えているだろう。どれほど多くのソリンの力強き人々が、素晴しい若者がここでたおれたことか。ある人々の肺は冒されて、秋の酒樽のようにがぼがぼやっていた。どれだけ多くの人々が病気のために、貧弱な食事のために、セメント粉の雲の中に簡単に消えてしまったことか。イタリアの資本家共は、ミラノ近郊のベルガモに住んで、俺達は、彼等のためにトルコの臣下のように働いていたのだ。真実、立ち上ったのだ。

——

硬くなって腕をふり上げ、にぎりこぶしを固めて、

——俺も立ち上った一人だ。一九三〇年に党員となった。諸君は、どのように我々の党細胞が闘争を準備し、ストライキを指導したか良く記憶しておられよう。一九三四年、一九三六年、一九三七年、想い出してほしい！ あの血まみれの三カ月のストライキを。

けれども、それは小さな、一時的な勝利に過ぎなかった。腹を空かした多くの日々、狭苦しい家。ここで一〇人の子を育てた。五人の息子に、五人の娘だ。俺は、子供達に何もしてやれなかった。愛情もそそげなかった。空腹にいつも苦しんでいた。

占領が始った時、俺は諸君と一緒にただちに抵抗闘争の先頭に立った。略奪されたソリンの党細胞の第一書記だった。その時、我々のゴルゴタ（キリストがはり付けになっ

た丘——岩田）が起った。我々の工場の労働者の七〇パーセントが闘争に参加し、そのうち六二人が革命にたおれた。彼等の名前は、大理石の板に刻み込まれている。モンテネグロのどこかで、第五次攻勢の嵐の中で戦死した長男もその中に……。——

声が消えそうになったが、再び、

——自由が戻ってきた時、みんなはソリンに帰って来た。自分も軍服をぬいで、破壊された工場の機械のもとに帰った。再建と生産が急務であった。新しい党細胞の第一書記となった。二年間で戦前の生産水準を回復した。不眠不休の夜がたくさんあった。ある時は連続五日間もまぶたをとじられなかった。——

最後に再び短く語った。——我々は、長い間望んでいたものを実現した。——人々には彼と自分達を理解し、彼の人生と自分達の人生を理解するのに、それで十分であった。ガベリチは、マルクスの肖像を指で示して、ただ一言だけ付け加えた。——これは、彼（マルクス）の希望、彼の理想でもあった。我々は、それを実現している。工場を自分達で管理しよう。諸君は、我々を助け、我々を批判してくれ。見てくれ！ここに我々を援助する指令がある。指導がある。諸君！　ありがとう。——

アンテ・ガベリチは、ユーゴスラヴィア連邦人民共和国政府と組合同盟中央委員会

の共同文書を、ボリス・キドリチとジューロ・サライの連署のある文書を手に握っていたのだ。（〔B〕pp.153‐155）

ユーゴスラヴィア共産党は、対ナチス軍、対チェトニク（ユーゴスラビア王国）軍、対ウスタシ（クロアチアのウルトラ民族主義者）軍との複雑怪奇な大戦争に勝利して、一九四五年五月にはユーゴスラヴィア全土に革命権力を樹立していた。一九四六年一二月『私的企業の国有化に関する法律』、一九四八年四月第二次『国有化法』が採択され、手工業と農業を例外として、ほとんどすべての経済活動が国家管理の下におかれた。

アンテ・ガベリチが働くセメント工場も国家任命の企業長の下にあり、企業長評議会に補佐された企業長が管理していた。

企業長、専門職、指導職と並んで、組合代表、党代表、若干の優秀な労働者が参加していた。労働者達が官僚的、非同志的やり方に対して指導職を非難した時、個々の指導職は一度ならず真赤になって怒った。それほどにフランクな会合であった。

――しかし、時代は何か新しいものを要求していた。評議会のメンバーの我々は、権力を握っていると感じていた。ところがある会議で自分達の性格を自問自答してみた。評議会のメンバーとは何なのか。誰が我々を選んだのか。我々は誰を代表し、誰に責任を負うのか。袋小路に入り込んだのだ。我々はこの問に答えられなかった。企業長にか、否。我々は彼に責任を負うと感じていなかったし、彼もそんな要求をしていなかった。といって、我々は労働者の純粋な代表者でもなかった。彼等が我々を選んだのではなかったのだから。我々が行なっていることはすべて良いことなのか、労働者達は我々に満足しているのか、もしかしたら、彼等は誰か別の者が管理することを望んでいるのではないか。これが疑問だった。評議会は誰を代表するのか、労働者達をか、それとも企業長をか。このように問題を提起してみると、すべてのメンバーが自分を「労働者の代表」であると見なしているように見えた。企業長すらそうであった。そういうわけなら、労働者自身に決定させたら良い。我々は、秘密投票で労働者評議会を選挙しようと決定したのだ。その数日後、我国において労働者評議会が創設されることになったというニュースが届いたのです。――

最初の労働者評議会が設立されて一〇年、このセメント工場の労働者の半数は、自主管理機関で働いたことがあるとルポライターは書いている。ガベリチは、この間に労働者評議会の議長を一回、管理委員会の議長を二回も務めた。彼は、指導もするし、労働もするこの工場におけるただ一人の指導者であった。最後に、彼はルポライターにこうつけ加えた。

——同時に労働しないならば、良い指導は出来ないですよ。機械は官僚になることを許しませんからね。——（〈B〉pp.156‐157）

一九五〇年六月二七日、共産党のトップ、国家のトップの中のトップ、ヨシフ・ブロズ・チトーは、『労働集団による国家経済企業と上級経済連合の管理に関する法律』、いわゆる『労働者自主管理法』が連邦人民議会で採択された時、次のような歴史的演説をした。

「……この法律の採択は、生産手段の国有化に関する法律の採択以後に人民議会の行なう最も意味ある歴史的行為となろう。生産手段の国家の手中への掌握は、いまだ、労働運動の行動スローガン『工場を労働者へ』の実現ではない。何故ならば、『工場を労働者へ、土地を農民へ』というスローガンは、何か抽象的なスローガンではなく、深い内容のある意味を持つスローガンであるのだから。そのスローガンは、生産における、また社会的財産と労働者の権利・義務の領域における社会主義的諸関係の綱領全体をそれ自体の中に含んでおり、我々が社会主義を建設しようと本気になって望んでいるのならば、実践において実現し得るし、実現せねばならないのである。」

「ここで我々が採択すべき法律は、この社会主義国の正しい一層の発展にとって極度に大きな意義がある。とはいえ、それはこの問題を完全に解決するわけではない。それは共産主義に向けてもう一歩を踏み出したにすぎない。経済管理における国家機能は、完全になくなるわけではない。しかし、もはやそれは絶対的なものではない。労働者が管理に近付くようになるので、国家の機能は弱化するのである。労働者は、生産者として生産を管理する権利を次第次第に、一度にではなく、全面的にではなく、みずからのものとして行く。……………。今日から我国では労働者自身が工場、鉱山などを管理するようになる。彼等自身で如何に生産するか、いくばく生産するかを決定するようになる。彼等は何故に働くのか、彼等の労働の成果を何のために使用するのかを知るであろう。このことが全国いたる所で、最も後進的な地域においても達成されるために、忍耐強く後進性を克服し、社会主義建設者としての義務と権利を理解する意識的な工業労働者の水準へ半農民的な人々を引き上げる必要がある。」

（〔B〕 pp．163‐164）

ユーゴスラヴィア共産主義の上も下も上述のような主体的努力をおこなっていた頃、ソ連と東欧諸国の、そして全世界の共産党は、ユーゴスラビア共産党指導部に「ファシスト的暴君」「スパイ」「人殺し」「バルカンの小人」等々、無内容な非難を浴びせていた。私がユーゴスラヴィア留学から帰って、上記で紹介した『比較社会主義経済論』と『労働者自主管理』を出版した一九七〇年代前半でさえ、ユーゴスラヴィアを「指導者であるチトー一味の裏切りのため、この国は社会主義の道から脱落し、いまでは社会主義陣営および国際共産主義運動に対立する勢力になっています」とマルクス派社会主義研究者の多くが考えていた。

第四節　自主管理連合労働システム

社会主義初期の国有・国営と計画経済のシステムを転換して、労働者自主管理企業と市場メカニズムの活用、そして国家による経済政策的規制のシステムが徐々に形成された。一九五〇年代後半と一九六〇年代は、いわば市場社会主義の時代であった。労働者評議会によって正当性が保証された経営テクノクラートが企業活動と国民経済の実質的な主役となっていった。それは、経済活動の活性化、経済成長、消費生活の多様化、知的・芸術的創作の自由化等のプラス面と並行して、地域経済格差の拡大、所得格差の拡大、労働力輸出による外貨獲得、諸民族主義の再生、労働者自主管理の形式化、そして、共産主義者同盟（共産党）の威信低下と経営テクノクラートの政治的発言力増大等をもたらした。

かかる現実的な諸マイナス現象に対するに、カルデリを先頭とするユーゴスラヴィア共産主義者同盟の理論・イデオロギー指導部は、一九七四年憲法・一九七六年『連合労働法』システムなるまことに壮大な社会・経済・政治体制を打ち出した。現実的諸負現象を一気に解決するユートピア的自主管理連合労働体制の強制的な実行である。国有の否定と社会有の徹底、間接的自主管理から直接的自主管理へ、「労働に応じた分配」の「労働に応じて分配される権利」から「労働に応じて分配する権利」への再解釈、国家によるマーケット・コントロールの社会協約・自主管理協定ネットワークによる置換、マーケットと並行する協議経済の導入、公共財の非国家的供給装置としてのＳＩＺ（自主管理利益共同体）の導入、防衛の社会化、政治システムとしての代議制の代表委員制による置換等々。

例えば、「企業」概念が廃止されて、「連合労働組織（ＯＵＲ）」と呼ばれるようになった。「企業」は資本主義企業の場合、私有財産の結合を意味し、ソ連型社会主義の場合、国有財産の結合を意味する。いずれにしても、財産が結合して、それが労働者を雇用・使用する。しかしながら、社会主義においては、社会的な権利の基礎は労働であって、財産（国有・私有）ではない。まず諸労働が連合・結合して、その活動条件として社会有財産が結合する。したがって、「企業」ではなく「連合労働組織」である。そして大規模な「連合労働組織」は、直接的労働者自主管理が可能となる範囲で組織される諸種の「連合労働基層組織（ＯＯＵＲ）」から成る。（〔Ｄ〕第４章・第５章参照）

いわば、自主管理原理主義とでも呼ぶべき社会・経済・政治システムが登場した。

私は、かかるユートピア主義的社会・経済・政治システムが出現する以前のテクノクラート主義型自主管理企業について、以下のように評価・分析していた。それは、一九六八年末の「憲法修正　」で可能となった、経営合理化と自主管理原則の接合形式を各企業が独自に模索できる環境にかかわる。テクノクラートの言い分を認める評価であった。かかる批判的評価は、『連合労働法』体制により強く妥当する。

労働者自主管理＝労働者民主主義の達成過程は、それ自身一つの価値である。同時に、それが現実化したときに、たんなる多数者支配に落ち込まないような工夫も必要不可欠であろう。すなわち、最初は少数者の経験と天賦の才に宿る普遍人類的となりうるかもしれないなにか新しいものを見出し、殺さず、亡ぼさず社会全体の共有できる精神的富、あるいは物質的富に育成し、磨きをかけ、完成し、拡大させていく課題は、多数者の双肩に担うべきものである。このような自覚に生きる社会、そこでこそ多数者は、労働者であり企画者・企業者となる。労働者自主管理の成長していく目的がそこにある。

残念ながら、現在のユーゴスラヴィアの労働者自主管理は、上記の目的に照らしてはるかに低いところにある。「憲法修正XV」に準拠する自主組織化がともすれば反労働者自主管理＝テクノクラート的専門管理の復権傾向を示している。ある企業では、中央労働者評議会の代議員の五〇パーセントも指導職＝専門的管理職が占め、はなはだしきは、中央レベルの管理委員会の全成員が工場長達からなっているところもあると伝えられている。このような傾向の理由として、大企業はさまざまの構成単位からなり、そこに成立するさまざまのレベルの労働者自主管理機関が複雑に権限を交叉させ、全経営を見通せないことがしばしば指摘される。たしかに労働者自主管理の制度的複雑さも専門経営者的反動を要請する原因の一つであろう。しかし、かりに自主管理制度が精兵簡政化されたとしても、多数の労働者・職員がそのシステムをなんのために使うか、資本主義に比して生産性も能率も創造性も知的自由も多様性も劣るような社会を唯一つ労働集団内の平等と安定を確保するためにのみ形成してしまうような形で使用するのか、それとも多数者が企業する精神を労働する精神と結合して、全面的に発展させ、変革を通して安定の質を高めるべく、リスクに挑戦するために自主管理の権利を行使するのか、切実な選択は、ここにある。テクノクラート層・専門的指導職層が労働者自主管理機関を自己の意のままになる専門的管理機関に転化せしめるべく努力してしまうのは、たんに彼らのせまい階層的利益を全労働集団のうえにおこうとするからではない。結果として、彼らの階層的利害を公認の社会的利害として発現させる別種の階級社会をテクノクラート層・専門的指導職層はつくりあげる方向に踏み出しているのかもしれない。しかし、その初発の意図は、多くの場合、そこにないことを承認してやらねばならぬ。多数者がともすれば先述の第一の選択をしてしまうとき、自己の所属する労働組織、それらが集まって構成する広級の社会政治共同体、そしてユーゴスラヴィア社会主義全体の運命に心が傾けば傾くほど、権利の分配・所得の分配・労働条件の分配における原始的平等主義に反発してその対極＝構造化した不平等主義に傾斜していくのは、ある意味で自然であろう。平等主義的偏向も不平等主義的偏向も労働者自主管理制度の機能に内在する客観的矛盾である。〈労働の解放〉が〈人間の解放〉を圧迫する。〈人間の解放〉が〈労働の解放〉を嫌悪する。この不幸な客観的・持続的矛盾に苦闘して耐え抜き、両解放の相乗する道を探求するところに意識した労働者階級の使命があるのであろう。（〔C〕pp.279-281）

第五節　連合労働システムの機能不全

ユーゴスラヴィア・コムニストの理想的社会主義像をすべて描ききったような一九七

四年憲法・一九七六年連合労働法体制は、機能しなかった。と言うより、逆機能を果たした。ここでは、私が一九八四年の現地研究旅行で見聞した出来事を紹介して論証に代える。

このような情況にあって、一九七七年に「連合労働法」を学習していると語っていた熟練労働者ブランコ氏（ノヴィ・ベオグラードに六〇平方メートルの住宅をもつ）は、今夏、私が自主管理社会主義関係の書物を集めているのを見て、「こんなものは読むな。みんなでたらめだ」と興奮してさけび出す有様である。たまたま、私が買ってきた書物群の中に、南スラブ人の雄セルビア族の神話を論じた本（『セルビア神話事典』Српски Митолошки Речник、チャスラフ・オーッィチ氏のプレゼントである）を見付けるや、相好をくずして、「これ！　これ！　これが本物よ。ヤパーナッツ（日本人）、これを読まなきゃ」と推賞する。それでは、労働者が自主管理を額面通り信じないとすれば、その裏面として、連合労働組織（企業、事業所）の専門経営者は労働者から自主管理権を奪い取って、テクノクラート型経営スタイルを築き上げて満足しているであろうか。実はまったく正反対である。ある建設組織の水利工事担当技師長ドラガン氏（ベオグラード近辺の村に一五〇平方メートルの家をもつ）は批判する。

「経営はテクノクラートにまかされなければならない。今のように、トラック一台買うにも労働者評議会にはかっていては駄目だ。ソ連の計画体制にせよ、アメリカの資本主義にせよ、ともかく固有の論理があるけれど、わが国のシステムにはそれがない。どちらかであって、中間はないのだ」。

ブランコ氏の言にせよ、ドラガン氏の言にせよ、それに類する論難は、六〇年代にも七〇年代にもしばしば耳にしたものであり、今年はより頻繁に聞こえる感じであるが、私にとってより重大なのは、そのように語る人々が自分と異なる他の社会集団に対して、不信感を、より強くいえば、何か憎しみに似た感情を表面に出してものをいっている印象が消えないことである。

ベオグラードの経済科学研究所に旧知のO氏を訪ねて、話を終えて二人で部屋を出る時に、ふと気がつくと、彼は机の上の電話に鍵をかけている。泥棒が入ったとしても、悠長に電話をかけるようなヘマをやるまいに、なんと用心深いことかと思って、「研究室に鍵をかけておけば十分なのに、なぜ電話まで？」ときいてみた。事情はこうである。仕事が終わってみなが退所した後に、管理人が見まわり、清掃婦のおばさんたちが研究室の鍵をあけて、入って掃除する。その際に、だれかが研究室の電話を無断使用して、ニーシなど地方都市へ長距離電話をかけることが頻繁に起こる。それは電話が置かれている研究室の主の責任にされ、O氏などは、月間電話最頻使用者の一人として掲示されてしまったほどである。そこで、研究者、事務員、清掃担当者などが集まる会議で話し合って、このようなことがないように種々対策をたててみたが、効果がないので、結局、電話に鍵をかけることにしたという。「ただし、一つの電話を除いてね。やつらが長電話したければ、存分にできるようにね。これでだれが電話をしていたのか、はっきりするさ」。私はとげとげした人間関係をオブラートにくるもうともしない彼の語調に一瞬言葉を返せなかった。電話の件に限らないが、個別利害間の調整を当事者すべてが寄り集まって行なうべしというユーゴスラヴィアの現行型の自主管理制度では勤労者の多大な心理的エネルギーが浪費されるようである。

（〔E〕pp.23‐24）

私が『現代社会主義の新地平』（日本評論社、1983年）第1章「自由・平等・友愛と現代――現代社会主義の歴史的位相」で展開したトリアーデ体系論によれば、自由・市場の経済社会に主要な負の社会心理は不安であり、平等・計画の経済社会のそれは不満であり、友愛・協議の経済社会のそれは不和・不信である。まさしく、一九八〇年代のユーゴスラヴィアは、不和・不信のミクロ状況に満ちていた。そんな中で健康なナショナリズムが消えて、病的なそれに転化する途上にあった。

第六節　自主管理社会主義崩壊以後（ノスタルジー）

以上、第一節から第五節まで、自主管理社会主義崩壊以前に私が公刊した諸著作からオリジナル諸文章を抜粋・編集するスタイルで論述してきた。

実は、本稿と同じテーマで、崩壊後に出版した文献〔F〕『ユーゴスラヴィア　衝突する歴史と抗争する文明』（NTT出版、1994年）の第二章「ユーゴスラヴィアの成立とその軌跡」と第三章「自主管理社会主義の矛盾と終焉」を執筆している。ここでは内容の要約・紹介をしない。第一節から第五節と比較検討して欲しい。

ところで、ユーゴスラヴィアは、自主管理社会主義崩壊後、周知のように多民族戦争の嵐の中で崩壊してしまった。スロヴェニア、クロアチア、ボスニア・ヘルツェゴヴィナ（B・i・H）、セルビア、マケドニア、モンテネグロ、コソヴォの資本主義七カ国が誕生した。私の体験的現地観察では、多民族戦争の不幸と言う要因を除いても、資本主義化は、民衆生活に相当に痛い打撃を与えている。しかしながら、民衆は既成事実として資本主義を受け容れている。社会主義時代、中流生活を保障されていた勤労者層は、チトーの時代への郷愁をひんぱんに吐露しつつであるが。

私はここで、自主管理システムの廃止に疑義を呈した例外的人物の文章を紹介したい。セルビア大統領ミロシェヴィチ夫人のミーラ・マルコヴィチの一文「自主管理者の反乱」である。一九九三年一月二六日の彼女の日記である。

ここ数日ベオグラードで、権威ある諸施設のトップが政府決定によって新しく任命されることに関して苦情が増えている。クリニック・センター、博物館、劇場などの責任者が交代させられている。これからも新しく任命される人数が増えていくだろう。どこの施設の従業員も、時にその大部分が、時にその少数者が不満である。かれらはその不満をはっきりと公的に声を高くして表明している。例えば、国民劇場の従業員は劇場の前でピケをはり、その不満が周知のものになった。何人も辞職した。政府の「人事政策」に不満を表明する方法は、他の施設はこれからより激しくなるかもしれない。あるいはまったく逆になって、従業員はもはや決定に発言権がもてない状態に次第に慣れていくかも知れない…。

選挙のほかに（そこではただ、誰が我々に代わって決定するかを選択するよう求められている）何事にも発言権がない状態に慣れるまで時間がかかりそうである。その結果はどうなるかはっきり分からない。いずれにしろ以前は何事にも意見をもとめられたし、そういった時期はかなり長かったのである。

……中略………

しかし我々は理由を分析もせずに、職場や地域で自分の生活と労働に関係のある事柄に、自分自身で決定を下す「勤労者」の権利、自主管理、直接民主主義を放棄した。一九九〇年九月[*1]にセルビアはいわば自由意志による全員一致で市民（ブルジョア）社会を導入し、その結果として新たな社会秩序に沿った法律を制定した。

……中略………

話を元に戻そう。一種の直接民主主義として自主管理制は拒否されてしまった。まず第一に、これが全体主義的傾向のある厳しくて非民主的制度だという暗黙の了解が生まれた。そして、ヒステリックな大騒ぎの中で（黙っていたほうがよかったのに、自主管理制のイデオローグや忠実な信奉者も騒ぎに参加した）、国を経済的・政治的・社会的に崩壊させた原因として自主管理制が非難された。そして自主管理制の代わりに新しい民主的、あるいは市民的システムが導入された。この社会システムにおいて、労働者は職場で何の決定に関しても発言することができなくなった。つまり、その所有者だけ、ということは国家あるいは私的所有者だけに決定権があることになった。より公正で、より現代的で、より効率的であるとして、すなわちより良いものとして、我々は意識的にこのシステムを選んだわけである。しかし、その結果、病院長は厚生大臣によって、学校長は文部大臣によって、そして劇場支配人は文化大臣によって任

＊1　一九九〇年九月二十八日、セルビア社会主義共和国議会はセルビア共和国憲法を採択し、セルビアは「勤労人民の社会主義的・自主管理的・民主的共同体」から「全市民の民主的国家」に生まれかわった。

命されるようになった。そこで働く医者や、教師、俳優たちなどは何にも口を出せない。市民社会では、かれらにはこのような事柄について発言権がないのが当り前とされるからである。

不思議なことに、自主管理制に一番強く反対した者（そして社会主義一般に反対した者）は、自分たちで圧力をかけて市民社会を導入させた今になって、元の自主管理的諸権利[*2]を失ったために抗議している。自分たちが望んで導入したはずの民主的なゲームのルールを今になって批判しているのである。

院長は医師によって、劇場の支配人は俳優によって、工場の責任者は労働者によって選ばれるべきだと私は思う。しかし、それは、複数政党制議会、つまり市民社会とは（特に未熟な初期には）共存できない。同じような社会、それから同じような状況でも、他ではこれほど激しい抗議はなかっただろうと思う。もちろん、よそではここでのような抗議があるはずがないのである。なぜならば、他では以前から市民の意見表明は求められてなかったからである。しかし、我が国の場合は以前から市民の意見表明が求められていた。そのため、今では元の権利をなくしたという不満がとても強い。自分自身で投げ捨てたのに。これは昔から伝えられているユダヤ人の呪いなのだろうか。かれらにかつて投げられた「何もかも手に入れて、何もかも失うように」という呪いが我々にも投げられたのだろうか。

……中略……

それで、このベオグラードの抗議が与党による責任者任命に反対する野党の抗議のように一見して見えても、それは私には全体像の一部でしかないと思う。この抗議には市民（ブルジョア）社会に反対する自主管理者の反乱という意味もあると思う。市民（ブルジョア）社会について全くの未経験で、自主管理者達は、その導入で自分たちが何を得て何を失うのか全く知らなかった。（〔G〕pp.26-29）

＊2　一九五〇年六月の「労働者自主管理法」制定以来、労働集団・従業員集団が最高経営陣（社長・支配人・工場長など）の選任、企業経営方針、企業予算決算、企業の分割・合併などに関する意思決定権を持っていた。

ミーラ・マルコヴィチの「自主管理者からの反乱」から二〇年後、去年と今年、私の目にとまった自主管理郷愁の三例を再録しておこう。

①チトー大統領＝神様、医者＝お金

『ポリティカ』紙（セルビア共和国ベオグラード発行の日刊紙）にこのところチトー大統領の名前が肯定的に言及される。大政治問題の文脈でなく、一般民衆の〝反〟or〝厭〟資本主義の問題に関してである。二〇一三年三月二四日号の記事「医者のかわりに神様」である。

セルビア内陸の町チャチャクの製紙工場の広場に四〇人の労働者達が集まってロウソクに火をともして、おいのりをしている。死者をとむらっているのではない。生者のためなのだ。すなわち、病気になった同僚の回復や自分たちの健康を願っているのだ。チャチャク製紙工場は、一九三〇年に創建され、第二次世界大戦中もＮＡＴＯ攻撃の時期も生産し続けた。しかしながら、この工場もまた二〇〇七年に民営化された。資本家的経営の結末は、二〇一一年三月二三日の操業停止である。債務不払の故に電気が止められたからである。労働者達には二〇一一年四月一七日に賃金の半額が支給されたが、これが最後の給料となった。健康保険も切れた。こうしてロウソクをともして、神頼みとなる。

しかしながら、それだけではない。労働者達はヨシブ・ブロズ・チトーの巨大肖像を持ち出してきた。それはかつて製紙工場の労働者評議会のホールにかかげられていたが、はずされた後もどこかに保管されていたのだ。

チトーの肖像画のかたわらに、立て看をたて、労働者たちは「独裁者は私達のことを考えてくれた。しかしあなた方は？？？」と書いている。労働組合議長のトリプコヴィチは、「そう呼ばれていた。だけど、彼は私達を心配してくれていた。彼の時代（～一九八〇年まで―岩田）、賃金がもらえない労働者なんていなかったのだ。私達の工場が経営難に陥ったとなれば、チャチャクのほかの諸工場が収入の一部をさいて、私達の賃金分を出してくれたであろう」と語る。

四〇人の中にチトー時代から働いていた機械工（60歳）がいる。今日、彼の年金は保証されない。

（「ちきゅう座」2013年4月8日）

②労働者ラップとチトー大統領

ラザル・リトフスキーというセルビアでは有名な俳優がいる。彼の監督第二作「白いライオン達」が二〇一一年四月にベオグラードで公開され、かなり注目を集めた。

「ちきゅう座」四月八日に、「チトー大統領＝神様」で紹介したチャチャク製紙工場の労働者集会は、この映画におけるチトー大統領の復活の反映なのかも知れない、と思った。もちろん、チャチャク製紙工場のような無数の絶望例が集積してきたからこそ、チトー復活の映画が作られたのだが。たまたまYou tubeで観ることができた。社会主義から資本主義へ移行する格差拡大社会のなかで、間違いなく没落する勤労者大衆の心情風景を少数の、しかし強力な新興成金の横柄さに対照して、コメディー風に描いた作品である。

民有化され、やがて閉鎖された工場の前で、主人公の仲間だった数十人の失業労働者達がハンガー・ストライキをしている。主人公の息子の映画監督志望者は、成金達の結婚式や葬式の映像を撮って糊口をしのいでいる。息子の恋人のオペラ歌手はアリアの門付けをして、恥辱と小銭をもらっている。彼らは，主人公の発意で成金達の小児達から宝石など金目のものをだまし取ろうとして、逆に子供たちにしてやられる。

映画の圧巻は、主人公の息子の結婚式が労働者達の抗議祝祭の場に転換するところだ。会衆達は乱舞し、主人公は労働者ラップを熱演する。それが三分あまりも続く。「労働者達、農民、誠実な知識人、あつまりつどえ、御用学者はノーだ」「ウラー、革命だ」「私達

は労働者だ。今のあなた方よりずっとチトーは私達を愛してくれた。革命だ！」(繰り返し)

この映画における結婚式が、チャチャク製紙工場における病気回復祈願式に、この映画の労働者ラップの「チトーは私達を愛してくれた」がチャチャク製紙工場の立て看の「独裁者は私達のことを考えてくれた」に対応する。言うまでもなく、労働者ラップは夢である。乱舞する労働者達の背後にプラカードを高く掲げる人物がいる。そこには、「働く人々の夢をあざわらうな！」とある。映画の冒頭で主人公は言う。「他の人々の夢をあざわらうな！　ダライ・ラマの言葉だ」

③社長選挙の労働者投票

ベオグラードの日刊紙『ポリティカ』(二〇一四年五月一・二日)に労働者自主管理時代を想起させる事件が報道された。

その昔、企業トップ人事は労働者評議会の専管事項であり、そこで社長(企業長)が決められなかった場合、従業員全員の投票で最終決定が下された。そんな全員投票が、二〇一四年四月に、セルビア中部ウジツェ市の「ペルヴィ・パルチザン(最初のパルチザン）」社でおこなわれたのだ。国防企業六社のなかでもっとも好成績をあげている会社だ。
社では現在、次期社長の選考中であり、現社長を含めて三人の候補者の名前があがっている。防衛省が最大多数の所有権を握っており、社長人事決定権も掌握している。従業員一四九二人は、自分たちが最適であると思う人物が落とされるかも知れない、と不安に感じている。経営実務能力ではなく、何かしら別の利害がカーテンの背後で働いている、と疑っている。セルビアにおいても自主管理ははるか以前に廃止されている。にもかかわらず、従業員全体で社長人事の全員投票を組織して、一三二七人のうち一二六六人、約九五％が現社長を次期社長として選出した。

「ペルヴィ・パルチザン」社の有力労組、すなわち自主労組と産業労組の議長二人が記者会見をして説明した。現社長の一六年間に、彼の経営手腕によって六八カ国に武器輸出を伸ばし、スポーツ銃や猟銃の販路をアメリカにも拡大し、新建屋を完成させ、工場を地下から働きやすい地上へ移し、雇用を保証し、賃金も平均六二〇〇〇ディナール（世間一般より六割高―岩田）、国へ税金を払っているが、国から補助金をもらっていない。一体どんな理由があって、防衛省は社長人事に手間取っているのだ。我々は、首相にも防衛相にも手紙を書いた。しかし返事なしだ。現社長が選ばれなければ、我々は先ず警告ストライキ、次いで本格的ストライキに入るだろう。

さすがに半世紀近く労働者自主管理を実践してきた社会だ。資本主義化のなかで廃止されても、現場労働者の集団的記憶のなかに生きていた。文武強国日本の兵器会社で、従業員がこんな形で社長人事に異議申し立てしようとは思わないであろう。学長さえトップダウンで任命されようとする日本！

おわりに

ユーゴスラヴィア社会主義の理念・制度は、その内実においてソ連東欧の集権制社会主義とは異なる。しかしながら、党社会主義という点では同一性を有していた。実社会の上から、外から領導者としての党が「良きシステム」をデザインして、実社会に押しつける、あるいはプレゼントする形において、ソ連党もユーゴ党も同じであった。したがって、党エリートが自分達の社会主義形式を窮屈と感じるようになると、すなわち〈人間の解放〉を〈労働の解放〉より選好するようになると、資本主義的市民社会を復活させる。ところが、なまじ半世紀間、社会主義的生活スタイルに何割かは慣れてしまった勤労民衆は、かつての党エリート層・党中堅層より何倍も資本主義への適応に苦しむことになる。

民衆は、ほどほどの資本主義とほどほどの社会主義を両方とも好むし、必要としている。さらに言えば、明示的に議論しなかったが、コムニストが無化しようとした諸民族主義に関しても、民衆はほどほどの民族主義を好む。しかし、三主義の過剰と純化を嫌う。

【参照文献】
A　岩田昌征『比較社会主義経済論』（日本評論社、1971年）
B　同『労働者自主管理』（紀伊國屋書店、1974年）
C　同『社会主義の経済システム』（新評論、1975年）
D　同『現代社会主義の新地平』（日本評論社、1983年）
E　同『凡人たちの社会主義』（筑摩書房、1985年）
F　同『ユーゴスラヴィア』（NTT出版、1994年）

G　ミーラ・マルコヴィチ『ナイト アンド デイ　セルビア共和国大統領夫人の反戦日記』(ナターシャ・トミッチ訳/岩田昌征監訳、NISユーゴペトロ社発行・光琳社出版発売、1997年)

中国……社会主義をめざす資本主義

大西　広

はじめに

私は現在の中国を「社会主義」とはしないし、これは今や学界のほぼ共通した認識であるが、それでもその中国自身は「社会主義」を自称し、かつまたそれが世界最大の「社会主義」である以上、やはり無視することはできない。

しかし、それ以上に、この国を「社会主義」とするかどうかに関心が向かわざるを得ないのは、日本人のこの国への感情がひどく悪化していることと深く関わっている。キューバ経済がいかに低迷していても、日本には「反キューバ・キャンペーン」は存在しないし、ベトナムが正真正銘の「一党独裁」であってもそのことが日本で喧伝されているわけではない。

ベトナムについて一言述べると、中国には共産党以外に八つの政党が認められて活動しているが、ベトナムでは共産党以外は禁止されている。中国の少数民族問題は詳しく報じられるが、現に存在するベトナムの少数民族紛争は報じられた試しがない。腐敗や汚職もベトナムの方がひどい。が、それが報じられないのは、一種の「反中同盟国」としてそれとの関係を日本が重視しているからである。

同様の問題は、「反共包囲網」の一部を構成したスハルトのインドネシア、その他のSEATO諸国などにももちろんあった。インドネシアは一九六五年の九・三〇事件で一〇〇万人の大虐殺を行なったが、その張本人スハルトを支持するためにその問題は報じられず、タイもまた、現在まで不敬罪を維持する国として存在する。中国では少なくとも口頭では共産党を非難しても罰せられることはないが、タイでは国王を非難すれば即刻逮捕となる。

どちらが「民主的」かよくよく我々は考えねばならないが、ともかく、この国日本では一貫して恣意的な報道が社会を支配していて、その結果として各国への印象は大きく変えられているのである。

実際、中国についても日本人はそれを非常に親しく感じた時期があった。第1図（左頁）はいつも言及される内閣府調査「外交に関する世論調査」中の「中国に対する親近

図1　中国に対する親近感

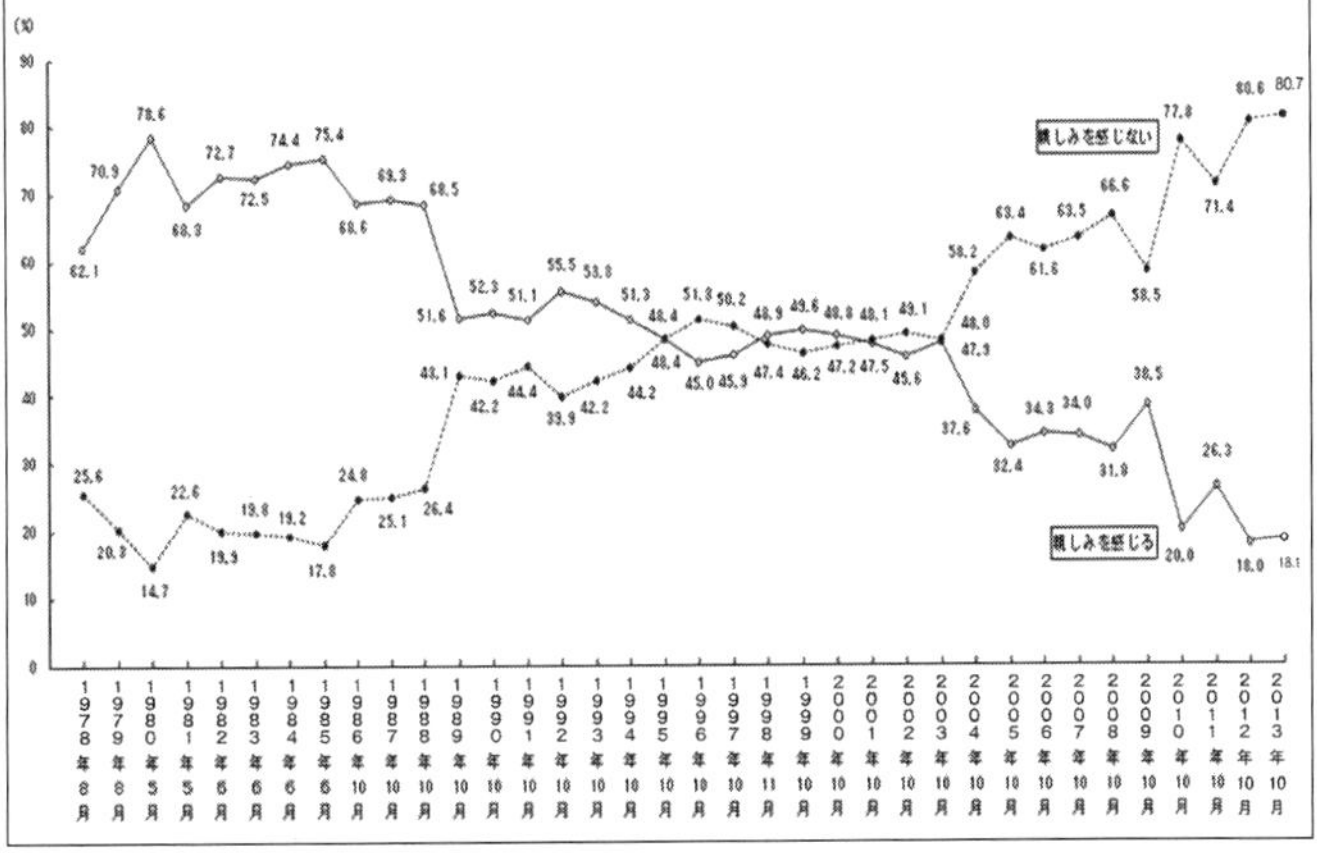

感」の変化を示すものであるが、天安門事件で「親近感」が一挙に低下した一九八九年でも「親しみを感じる」は「感じない」を一〇ポイント上回っていたから、経済成長する中国への積極的評価がマイナス・イメージを凌駕していたと言えるであろう。日本では共産党は「悪政に抵抗」する野党としての価値しか認められていないが、それとは異なる共産党が中国に存在する。そうした存在への期待が日本でもその当時はかなり広範に存在したことを窺わせる。これは、日本国内における日本共産党への支持率より中国共産党の政治への親近感の方が高かったということを意味する。

しかし、この「中国への支持率」は小泉首

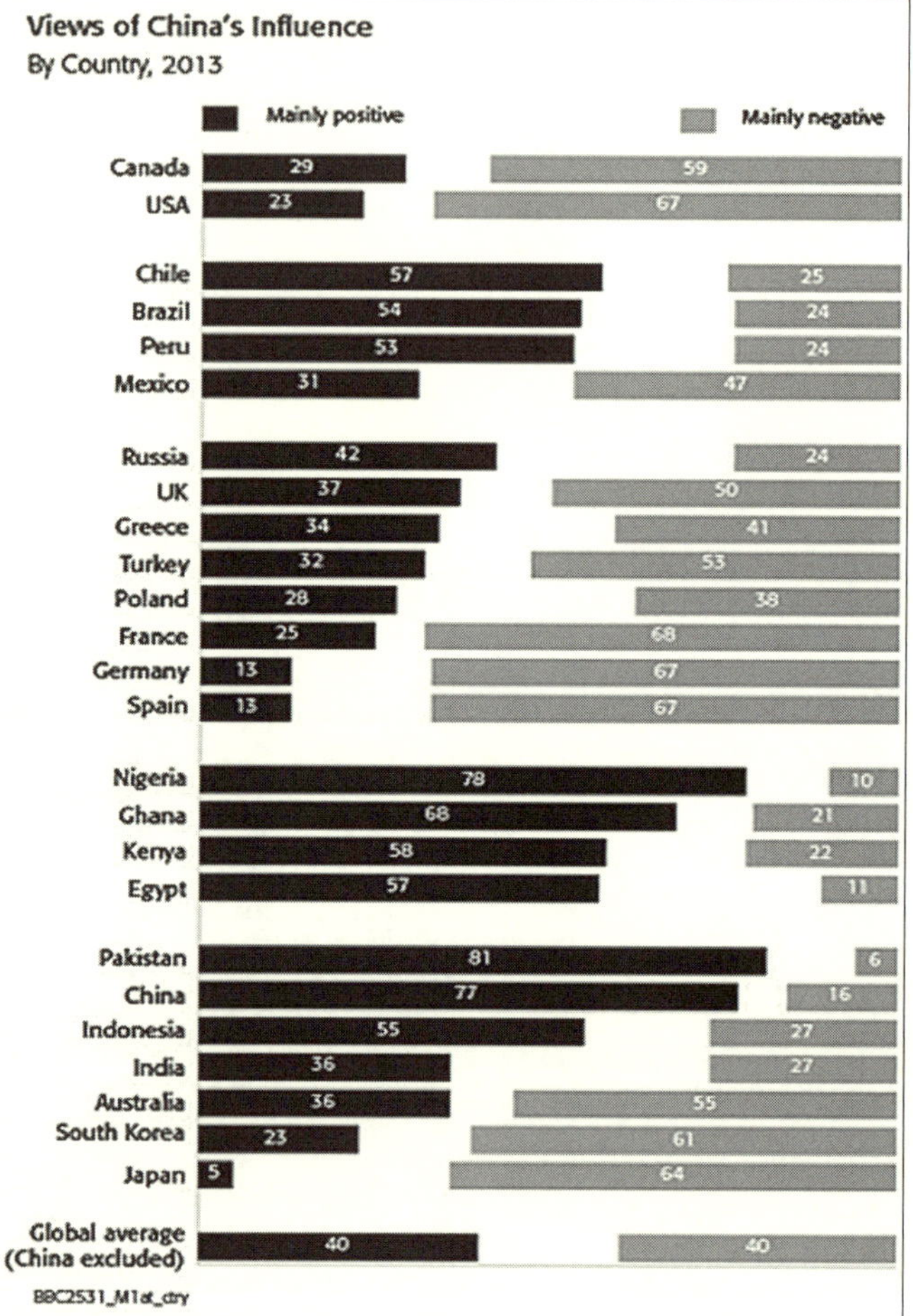

図２　英国放送協会（BBC）国別好感度国際世論調査より(2013年)

相の靖国参拝と尖閣問題の先鋭化を機に急減する。そして、このため、日本は世界で最も「反中的」な国となった。

英国放送協会（BBC）は毎年国際世論調査を行なっているが、最新二〇一三年における調査では、次の第2図（右頁）に見るように、「中国の影響力拡大をどう見るか」との質問に mainly positive と答えた日本人の割合は調査対象二五ケ国中で断トツに低い五%にとどまった。この状況の下で、日本では中国語学習者が減り、日中友好団体の活動が困難となり、日本の革新を担う民主諸勢力の中にも「中国嫌い」が激増している。しかし、この第2図を見るようにこれは世界の全体的趨勢とは異なっている。

図中にあるように世界平均では、「mainly positive」と見る諸国民と「mainly negative」と見る諸国民の比率は四〇：四〇で同じであり（但し、各国人口比で再計算すると四〇：三四、中国も含めると五一：二九であった）、あるいはもっとよく見ると、アジア、アフリカ、ラテンアメリカのほとんどの諸国が「mainly positive」と評価している。

我々は「西側」に属し、かつまたよくある近隣国嫌いの国民感情も相まって強烈な「中国嫌い」の国となっているが、その感情は世界では例外的である。この感情を振り払わなければ、学術的客観的な中国評価をすることはできない。それをまず、本稿の前提として述べておきたい。

「社会主義」とは何か

しかし、もうひとつ、この中国を「社会主義」なのかそうでないのかといった基準で評価するためには「理論」が重要となる。私はマルクス経済学者として、ある学会で「社会主義かそうでないかも分からずには中国を評価することはできない」と述べて近代経済学者と「論争」になったが、その近代経済学者は「中国を理解するとは日本とどう違い、どう同じかを論ずるだけで十分」と応酬した。実のところ、この学者も後に現在の中国を「国家資本主義」とすると述べるに至っているが、ともかく近代経済学が「資本主義」や「社会主義」を論じる枠組みとして十分な理論的蓄積を持たないことは確かである。

したがって、ここはマルクス経済学の「理論」に立ち戻り、まずはそもそも「社会主義とは何か、資本主義とは何か」をはっきりとさせなければならない。それがはっきりしなければ、この「中国を評価することはできない」からである。

とすると、そのマルクス経済学的な「資本主義」概念、「社会主義」概念とは何かということとなるが、私はまず「資本主義」を「産業革命後の資本蓄積が第一義的課題となった社会／システム」と定義している。産業革命前には「道具」のみで生産を行なわねばならなかったので、「道具」の不足をカバーする「熟練」の形成が最も重要となり、したがって徒弟制やそれを補完する社会諸制度やイデオロギーなどが形成された。が、産業革命で「機械」が登場すると事態は一変する。今や生産力の大小は蓄積された機械の質量によって決定されるから、生産力拡大とは機械＝資本の蓄積以外の何物でもなくなる。このため、労働者への分配は引下げられ（労働条件は切り下げられ）、社会の全諸制度は資本蓄積に動員されねばならなくなる。このシステムこそが「資本主義」であり、したがって、それは「産業革命後の資本蓄積が第一義的課題となった社会／システム」と定義されることとなる。

問題は、この定義においては「計画経済」か「市場経済」かは重要な問題ではなく、その結果、たとえば、旧ソ連・東欧の体制や毛沢東時代の体制もまた、急速な資本蓄積を行なった体制として「資本主義」と定義されることになることである。かの体制では、国家が特別に重要な資本蓄積上の役割を果たし、よって「国家資本主義」と狭義には定義されることとなるが、である。[*1]

ともかく、こうして「資本主義」が定義されると、当然に「資本主義でないもの」がその系として定義されることとなる。

具体的には、まず「資本蓄積を第一義的課題としない社会/システム」でなければならない。そして、もしそうすると、たとえば、「機械」より「知識」や「想像力」が生産力的に重要となる社会/システムというものが考えられよう。これは自然な流れであり、かつまた現実の社会の変化を反映している。また、ここで重要なのは、「知識」も「想像力」もが人間と切り離しがたく存在し(この意味で「機械」と全く反対である)、したがって、労働力としての人間のパワー・アップこそが求められる社会/システムこそが「資本主義後の社会/システム」ということになる。

この理由をもって、私は「知識革命後の知識や創造性といった人間的要素の発達が第一義的課題となった社会/システム」として「社会主義/共産主義」を定義している。

もちろん、この定義には反論がある。

こうした定義は「ポスト資本主義」としては正しくとも、「社会主義」や「共産主義」

の語源とは「人間が大切にされる」ということ以外に共通性がなく、よって従来の定義と大きく異なっているからである。実際、これまで何が「共産主義」と言われてきたかを考える時、それは事実上「平等社会」であったように思われる（マルクス以前の「共産主義」）。また、「社会主義」という言葉は、おそらくさまざまな私事が「社会化」された状態、すなわち〝Socialized Society〟というべき状態を表してきたものと思われる。このため、上記の「社会主義／共産主義」定義はさらに豊富化される必要がある。[*2] が、ともかく、やはり封建制と資本主義が生産力の有り方として根本的に異なったように、資本主義と社会主義／共産主義もまたまったく異なる生産力の有り方を基礎としているはずである。

そして、この意味では、少なくとも現状の中国を「社会主義」と認めることはできない。まだ、資本蓄積によって生産力を発展させている社会／国である。上述のように毛時代の中国が「国家資本主義」であったとすれば、現在の中国は国家主導ではなくなった普通の資本主義＝「私的資本主義」ないし「市場資本主義」となる。本稿のタイトルを「……をめざす資本主義」としたのはそのためである。[*3]

「社会主義をめざす……」の中味について

しかし、本稿のタイトルにはもうひとつの内容があり、それは「社会主義をめざす……」となっている点である。そして、実は、現在の日本の世論からする時、この点こそが疑われていると言わねばならない。私自身、特に最近の中国外交について不満を感じており、それを単著の形で論じたりもしているから[*4]、この危惧には概ね同意できる。が、他方で、内政についての中国政府のまじめな努力は評価せざるを得ないと感じており、そのことをもってタイトルを「社会主義をめざす……」とした[*5]。

たとえば、本稿読者は、中国が貧困地区子弟の重点大学への進学を保障するとして、具体的に毎年進学者の統計をとり、毎年の政治報告で何％増やすといった目標を掲げていることをご存知だろうか。二〇一三年度には八・五％の増を現実に実現し、二〇一四年度には一〇％増の目標を掲げている。そして、私自身、以前に、寧夏回族自治区の貧困県で、この制度によって娘を清華大学にやっているという農民に会ったことがある。

日本にも貧困家庭への奨学金制度がないわけではないが、今やすべてが「貸与」でしかなく、かつまたその返済は利子をつけてせねばならなくなっているので、私の周りには何百万円の借金を抱え、首の回らなくなった院生、学生たちがいた。これは事実上、日本では貧困家庭は大学に行けないことを意味しており、それが「資本主義国」の現実である。それに比べると何とうらやましい国であろうか。貧困であっても、その子弟には大学進学する権利が与えられる。これこそ、ある意味もっとも基本的な国民の権利であり、したがって「社会主義をめざす国」らしい施策である。

また、こうして「貧困」にもし注目するならば、二〇〇六年に農民税が廃止されたことも大きい。「層」として最も貧困な階層は言うまでもなく農民であるから、この措置は「所得格差の縮小」に大きな前進をもたらしている。また、この他、中国政府は農作物価格の補償制度を持っており、想定価格より安すぎれば農民に補償をし、高すぎれば消費者に補償をしている。そして、これも毎年、この価格を一〇％程度引き上げている。この引き上げ率は言うまでもなく、農業所得の上昇率を直接に決める。私は現在でも中国の農産物価格は安すぎると思っているので、なるべく高率の保証価格の引き上げを願っている。

さらに、こうした「農民」から分化した「農民工」の都市での生活改善を目指す取り組みも本格化している。一部には、農民工をそのまま「都市住民」に加える措置も開始されているが、「戸籍」をそのままにしても「住民票」のようなもの（居住証）を独自に作って、それによって彼らが都市での市民的権利を行使できるようなシステムを構築中である。また、先頃には戸籍制度の廃止さえ公式に検討されるに到っている。これらは全国民をカバーする社会保障制度の実施の動きと関わっている。二〇一四年の全人代報告によれば、すでに基本医療保険は全国民をカバーし、基本年金にも八億人を越える加入者を得たという。予想以上に社会保障制度の整備も進んでいる。

こうした積極的政策の最後に重視すべきは賃金の動向である。労働者の平均賃金は中国の場合、最低賃金の引き上げにほぼ連動するが、その最低賃金の引き上げはここ数年一七—二〇%水準で続いている。つまり、賃金はこの間、年率二〇%近い高率の上昇率で上昇している。明らかに一人当たりＧＤＰの上昇率より高く、全体的な労働分配率の上昇を意味している。

この背景には、二〇〇八年に施行された労働契約法による労働側の交渉力の上昇、さらにはその後の労働運動の高揚がある。日本では労働争議が中国の否定的な現象として報じられているが、労働者の視点にたてばこれは政府を介さない労使交渉による正常な賃金決定である。日本での報道は進出企業の視点に偏っている。それに惑わされない「労働者の視点」こそが我々に求められている。なお、先に述べたような「資本主義」、「社会主義」の定義であれば、「資本蓄積が第一義」の社会から「人間発達が第一義」の社会への転換が進んでいるかどうかが「社会主義をめざし」ているかどうかの基準となる。

この意味でこうした賃金上昇は最も重要な社会の前進面を示していると言える。中国の所得格差もこの間、少しではあるが格差縮小の方向に動きだした。これが今後も続くかどうかはこの変化の動向によっている。[*6]

ただし、こうした前進面があっても、もちろん、不十分点も多々ある。たとえば、ようやく導入された個人所得税の累進性もまだ最高税率は四五％に止まり、地方税負担を含めた現在の日本のそれより圧倒的に低い。かつまた二〇〇四年に法案が提出された相続税法がまだ成立していないという問題もある。

ビジネスマン向きの雑誌『中国ＮＥＷＳ』日本語版の二〇一三年一二月号はこの相続税について中国国内の賛否両論の意見を紹介しているが、反対論は以下のように主張し

ているそうである。すなわち、

「相続税のように死後の財産にまで心配を掻き立てられるものはそうないだろう。いったん相続税制度が制定されてしまえば、全額を後継者に受け渡すことはかなわず、一部を公金として国庫に納めることになる。私たち国民が憂慮するのは、それが果たして格差社会を是正する『仁政』なのか、それとも財産を『合法略奪する悪法なのか』という点にある。」（同誌p.68）

マルクスは相続税どころか相続自体の廃止を『共産党宣言』で主張した。また、日本人にはその税率はともかく相続税自体に反対する者はほぼ皆無であろう。この点からすれば、中国の富裕層は相当に厚かましい。ので、この社会階層（階級！）の抵抗と闘うことなくして、中国を本当に「社会主義をめざす」国にすることはできない。あるいは同じことであるが、中国を真に「社会主義」にしようとする勢力は日々、こうした抵抗勢力と闘っている。

「社会主義」とは自然に来るものではない。このような階級闘争を経てはじめて獲得できるものである。中国でもそのような階級闘争が現在もなお継続されているというのが重要である。

政治改革の動向について

以上、中国でも「社会主義をめざす」試みがしっかりと行われていることを述べたが、その試みを日本で疑う論拠には「民主主義」の問題がある。中国は「非民主主義国家」でとても社会主義をめざす国とは言えないという考え方である。が、このような考え方にはひとつの大きな問題点がある。それは、「民主主義」には「西側民主主義」とは異なる「民主主義」があるということ、そして次に、そもそも「民主主義」がもっている問題点もしっかりと認識する必要があるという問題である。

たとえば、私は中国の少数民族問題を研究しているので、その立場からはっきりと言わせていただきたいが、民族間対立が厳しい地区に「民主主義」が持ち込まれてはならない。今、たとえば、新疆ウイグル自治区ウルムチ市の市長選が西側方式でなされたとしよう。とすると、当然に漢族を代表する候補が漢族的な政策を掲げて立候補し、ウイグル族側もウイグル族的な政策を掲げて立候補するだろう。そして、この選挙ではどちらかが「民意」で選ばれることとなるが、その勝利者がどちらかの民族的な政策をすることとなり、これは大混乱、たとえば現在のウクライナのような事態を導く。「民主主義」とは煎じ詰めれば「多数決原理」であるから、このようなことが生じる。ここでは「民主主義の制限」こそが求められる。

実際、私も以前所属していた大学で似た経験を持っている。近代経済学とマルクス経済学の対立の激しいその教授会で、近代経済学者は議論を回避してすぐ投票に行くことを志向した。その理由は明らかで、彼らが多数派であるからである。つまり、民主主義は多数派に有利なシステムであり、少数者が一般的に不利益を受ける。資本主義は、少数者たる資本家が多数者たる労働者・農民を支配する社会体制であるから、この場合は一般には「民主主義」は有利に働くが、民族問題や上記のような学派対立のような場合には多数決原理が正しいとは必ずしも言えない。

したがって、こうした「民主主義」の問題点をしっかりと受け止め、その克服をめざす「民主主義理論」も学界では考案されるに至っている。西側政治学ではそれは共和主義をひとつの出発点とした「熟議民主主義（Deliberative Democracy）」という考え方であって、（「民主主義的決定」をでなく）「熟議」こそをもっとも重要な内容とする考え方である。

そして、実は、こうした「少数者意見の尊重」という考え方は中国では建国以来ずっと「政治協商会議」という制度によって具体化されているのである。

というのはこういうことである。人民代表大会と並ぶ事実上の代議制システム、政治協商会議は、本来、中華人民共和国の建国に当たって結集したすべての民主勢力の「統一戦線会議」として始まったものであるが、現在は制度化され、各級の人民代表大会の開催前には必ず各級で開催され、人民代表大会で議論される諸議案を事前に議論し、時に修正意見や新しい議案提出などを行なうものとして存在している。

これは本来は「統一戦線」であるから、そもそもが「少数政党」の意見を聞くのが目的であり、他にも少数民族代表や宗教家たちから代表が選ばれてくる。そして、それらの比率は少なくとも過半数、実際には2／3を占めているのである。もっと言うと、この考え方は社会主義政治理論にあった「ソビエト・システム」というものに通じる。なぜなら、「ソビエト」には、労働者代表とならんで農民代表、小ブルジョア代表、知識人代表、兵士代表という本来的に異なる利益を持った諸勢力が集まり、人数的に小さな集団であっても、それらの間での「統一」(＝「共和」)を目的としてそれぞれの利益調整がなされたからである。

こうして、中国もそれなりに「民主主義の実験」を繰り返し、我々西側のそれとは異なるものの、より優れた政治制度を真摯に模索している。我々自身が学んでいいものも、その中にはいくつもある、というのが私の考え方である。[*7]

もちろん、中国の政治制度にも大きな問題点があり、「政治改革」を政権党は重要な課題だと認識している。

たとえば、上記のような「政治協商会議制度」の実質化、「政治協商」と並ぶ「立法協商」、「行政協商」、「社会協商」といった討議の場の拡張、人民代表大会の代議員選出において必ず落選者がでるようにする制度(「差額選挙」と呼ばれる)、三権分立の検討、共産党の党内民主の実質化、行政のディスクロージャー、[*8]行政改革や規制緩和による行政幹部権限の縮小などである。

中国のように大きな国にはそれにふさわしい数の優秀な頭脳があり、彼らは彼らで当然、あるべき改革の姿を毎日考えている。その「あるべき姿」は我々西側のそれとは当然異なるが、異なることと考えていないということは同じではない。その努力をよく知ることも我々日本人には求められている。[*9]

成長率低下に見合った人格形成の問題について

最後に、私独自の論点として、社会主義にふさわしい人格形成の問題について論じておきたい。私の考えるところ、封建制や資本主義、さらには社会主義といった異なる社会体制には、それぞれに異なる人格が求められているからである。

というのはこういうことである。まず、封建制が現代とはまったく異なる人格を必要としていたことを思い出したい。そこでは、封建的熟練を再生産するために各工房内部での人格的依存の人間関係が求められていた。いわゆる「封建的人間関係」であり、したがって、これをよしとする忠義な人格が求められていた。これは我々が時代劇を見るたびに知らされる事柄である。

しかし、資本主義はそうした人格を必要としない。ここで求められるのは、上記のような古臭い身分や人種や民族といったものではなく、工場労働者としてちゃんと働く体力があるかどうか、企業家として経営する才覚があるかどうか、であってそれ以外のものではない。特に、資本主義をリードする企業家について言えば、目まぐるしく変遷する市場の動向を目ざとく察知し、資金を集め、必要な労働力を調達する能力が彼らに求められている。たとえば、私は寧夏回族自治区銀川市郊外の「現代化農業」を見学したことがあるが、そこでは、農家に土地整理と作物の共同栽培を提案し、毎年毎年「売れ筋」の作物を探し、育成指導し、販売ルートの開拓に奔走する企業家を見た。彼は、真の企業家＝資本家であり、このリーダーシップのもとで集まった農家の所得も急増している。政府が模範企業として表彰するのも当然である。

ただし、このスタイルの成功を見れば見るほど感じるのは、この成功が成立する根本的な条件には「目まぐるしく変わる経済」というものがあったということである。これがなければ、彼の出る幕はない。去年も今年も来年も、作るべき作物は決まっているのだから、誰も彼についていく必要はない。つまり、こうした企業家の生成、活躍の条件には経済の目まぐるしい変化、そしてそのより根源的な原因としての経済成長があるのである。「経済成長」と「資本主義」がセットになって、「企業家」を世に生み出し、そうした人格を形成しているのである。

しかし、この人格を社会が無限に求め続けるわけではない。経済成長もいずれは終わり、すでに中国も成長率のピークは過ぎた。私の計算ではあと二十数年でゼロ成長となる。[*10] 現在の日本やアメリカなど先進国が到達しているような状況である。そして、もしそうなった暁には、先のような「企業家」ではなく、もっと落ち着いた人格が求められるようになろう。たとえば、毎年育てる作物をころころ変えるのではなく、よりおいしい作物の完成のためにたゆまず努力し続けるような人格であるかも知れない。

こうして、将来に「社会主義をめざす」ためには、実のところ、単に社会制度に関わる変革の努力に止まらず、新しい人格の形成といった点での努力もがどこかで必要になる。これは毛沢東が主張したものとは異なる、別の種類の「文化革命」となろう。「社会主義をめざす」志向性とはそういった人格形成の問題をもカバーする志向性でなければならないのである。

（本稿は日本学術振興会アジア・コア事業での研究を基礎としている）

＊1　この「資本主義」定義はまだ学界的に一般化したものとはなっていない。しかし、旧ソ連、東欧、毛時代の中国を「国家資本主義」とする理解については今や日本のマルクス派理論経済学者の半数が支持するものとなっている。重要な論者としては、法政大

学名誉教授の大谷禎之介氏、以前に日中友好協会会長を務められた故山口正之氏、京都大学名誉教授の中村哲氏などがいる。

＊2　こうした豊富化を私は自身の課題と認識し、多くの共同作業を行なってきた。それは碓井敏正氏との共編著『ポスト戦後体制の政治経済学』（大月書店、2001年）、同『格差社会から成熟社会へ』（大月書店、2007年）、同『成長国家から成熟社会へ』（花伝社、2014）、基礎経済科学研究所編『未来社会を展望する―甦るマルクス』（大月書店、2010年）などに集約されている。

＊3　中国自身は自分を「社会主義」と規定しているが、その根拠たる「公有制主体」との内容は空洞化が進行している。そもそも、「公有制」の中心たる「国有企業」はその定義がどんどん広がり、日本では「国有企業」とはとても評価されないものまでが含まれるに至っている。これら「国有企業」は実際には政府から支援を得る特殊な営利企業にすぎず、その実態は「資本主義企業」である。「社会主義」とは、そうした特殊な企業集団を弁護するための口実に化しつつある。

＊4　大西広『中国に主張すべきは何か』（かもがわ出版、2012年）

＊5　この評価は日本共産党の現在の中国評価と基本的に一致する。

＊6　環境問題を考える時、中国社会のモータリゼーションをそのまま肯定するわけにはいかないが、それでも自家用車を皆が買いあっているということは、それだけ中産階級が拡がっていることを示している。一般に所得格差縮小の鍵は、この階層の発展度合が握っている。こうした予想を行なっているヨーロッパのグローバル・インフォメーション社の Euromonitor International 2011 の予測を使って今後のジニ係数の変化を計算すると、2010年0・70、2015年0・66、2020年0・62となった。

所得格差は縮小の方向に向かいつつある。

＊7　「我々自身が学んでいいもの」のひとつとして私がかねがね主張しているのは少数民族としてのアイヌ民族の国会議席枠である。日本を構成するこの民族の代表者は現在ひとりも国会に議席を有していないが、このようなことは中国ではありえない。もちろん、省や市や県や郷・鎮でもそうである。

＊8　たとえば、海外出張費・公務接待費・公用車経費を「三公」経費とし、これをすべて公開することが今年の全人代で決定されている。

＊9　実を言うと、毛沢東時代にあった「大民主」という考え方も中国における「民主主義」を考える上で重要である。これは現在公式に否定されているが、党幹部や官僚を規制するという積極的な側面も存在したからである。そして、そうした側面からすれば、現在の「協商民主」の強調には、「大民主」の積極的側面の復活と読める部分もある。「熟議（協商）民主主義」の模索には「大民主」的な「直接民主主義」と「代議制民主主義」の対立止揚としての側面があるからである。

＊10　この「ゼロ成長」は悪いことではなく、十分な資本蓄積の達成による成果であり、全ての純生産物は直接に消費に回すことができるようになる。これは、資本蓄積が「第一義的課題」ではなくなることを意味し、本稿の定義では「資本主義」ではなくなることになる。すなわち、「社会主義」ないし「共産主義」ないし「ポスト資本主義」が求められる段階に到ったことになる。つまり、この意味で「ゼロ成長後の社会」に求められる人格と社会制度とは「社会主義」が求める人格と社会制度ということとなる。

アタック・フランスとフランス緑の党の政策提案

——非資本主義的民主主義の創造に向けて

北見秀司

世界があまねく新自由主義に席巻されて、三〇年余り経つ。

それに先立つ「栄光の三〇年」、先進国は歴史上前例のない経済成長を謳歌していた。しかし一九六〇年代末から七〇年代にかけて経済成長率は鈍化し、先進国は一様にスタグフレーションすなわち不況下のインフレに陥った。

このような事態に対し、新自由主義の推進者は、その原因を国家による経済への過剰な介入・干渉に求めた。彼らによれば、福祉政策のためのこのような国家の干渉のため、自由競争的市場経済のもつ効率性・合理性が発揮されず、民間の活力が阻害され、経済成長が妨げられている。それゆえ、国家の経済的役割を縮小して「小さな政府」を実現し、自由競争的市場原理を至る所に導入しなければならない。そうすれば民間企業の活力は回復し、経済成長が再びおこるだろう、そう彼らは主張した。

そして先進国政府は、このような考えに基づき、八〇年代以降、様々な分野で規制緩和を進めた。公営企業を、市場原理に従わない非効率的な、税金の無駄遣いとして民営化し、労働組合を、労働市場を規制するものとして弱体化し、企業に対しては国際競争力を高めるためと称して法人税を引き下げた。

その結果、何がおこっただろうか。かつてのような経済成長をおこす産業は生まれなかった。ＩＴ産業でさえ、そのようなものにはならなかった。代わって、経済格差が広がり、失業と不安定雇用が増え、それに伴い治安も悪化した。加えて、第二次大戦後久しく見なかったバブルとその崩壊が頻発し、サブプライム危機と欧州財政危機に至った。そしていずれの先進国も先の見えない状況に陥っている。

ソ連崩壊の後、資本主義に代わる社会は存在しないという考えが席巻した。しかし、それによって資本主義を正当化できるだろうか。今日、資本主義の矛盾は少なくとも先進国においては極限に達している。それが持続可能な社会であることは疑わしい。それが人口の九九％の人々を幸福にできるかどうかも疑わしい。

そもそも啓蒙思想が構想した民主主義、当時の言葉でいう共和政ないし市民社会とは、すべての市民の生命と自由を保障する社会ではなかったか。このような本来の意味での民主主義は、失業と不安定雇用で溢れかえっている資本主義によっては実現していない。一方に労働時間がゼロの失業者がおり、他方で過当競争から長時間労働を過労死に至るほど強いられている多くの人がいる。両者のあり方は対照的だが、命が愚弄されている点では変わりない。この命が愚弄された状態を乗り越えるには、したがって、資本主義を脱し、万人の命と自由の保障を究極の目的とする民主主義を創造しなければならないだろう。

資本主義に代わる社会はありえないという考えがいつの間にか多くの人に浸透している。それが、多くの人が、どんなに生きにくくとも、資本主義に抵抗しない、抵抗しようがないと考える最大の理由である、と思われる。しかし、実は世界中、様々なところで、非資本主義的民主主義の代替案は構想され、部分的には実践もされている。ただ多くの人が知らないだけだ。そこで、多くの人がまだあまり知らない、しかし知る価値の大いにあるこのような代替案のうち、ここではアタック・フランスとフランス緑の党（正確には、二〇一〇年一一月一三日以降の正式名称は「ヨーロッパエコロジー・緑 Europe Ecologie-Les Verts《EELV》」である）の政策提案を紹介したい。なお、アタック（ATTAC）とは、その正式名称を Association pour la Taxation des Transactions financières et pour l'Action Citoyenne（金融取引税と市民活動のための団体）と言い、その頭文字をとった略称であるが、これはアジア通貨危機の後、一九九八年にフランスで生まれた国際NGO、政策提案団体である。現在、約四〇カ国にネットワークを持っている。

ここでは、まず、新自由主義について概観し、その後、彼らの代替案を取り上げたい。[*1]

一、新自由主義と新自由主義的グローバリゼーション

まずここでは、資本主義という言葉で、資本による利潤追求を最優先する、とりわけ大資本による、往々にして短期的視点から見られた利潤の追求を最優先する思想・態度を意味するものとする。

このような意味における資本主義は、先進国においては、この論文の冒頭で触れたように、一九六〇年代末から七〇年代にかけて、高度経済成長が終焉し、利潤率が下がることで、危機を迎えていた。一九八〇年代初頭から始まる新自由主義的政策は、このような危機に対して、先進国における資本主義推進派がとった、資本主義の延命策、新たな利潤追求のあり方である、と考えられる。

新自由主義は、大別すれば二つのやり方で、利潤追求を行った。ひとつは、①規制緩和による雇用者報酬の割合の減少化・資本の側の収入の増大化。もうひとつは、②投機

による利潤追求である。

(1)まず、労働規制を緩和し、労働のフレキシブル化を進める。その結果、不安定雇用が大幅に増加し、先進諸国全体で見ると一九八三年より企業の利潤率は増加しているにもかかわらず、その中で雇用者報酬の占める割合は減少している、という事態を招いた。こうして二〇世紀前半は減少し続けた収入格差は一九八〇年代より増大するようになる。

また、それまでは資本の国境を越えた移動には様々な規制がかけられていたが、この規制が緩和され、資本移動が自由化されたことも、経済格差を助長した。これにより、労賃の安い地域への資本移転が可能になったからである。このような利潤本位のグローバリゼーションが、世界中の労働者を競争に駆り立て、労賃と労働条件を下方修正させた。その結果、多国籍企業は記録的な利潤をあげながらも、被雇用者の少なからぬ部分が貧しくなる、という事態がおきるに至った。

さらに、資本の自由な移動は、国家間に法人税引き下げ競争を引き起こした。この競争を享受する多国籍企業は、収益をあげながらも法人税の低い国あるいは無税の国や地域（タックスヘイヴン・租税回避地）で税を払うことが可能になった。これが、税を用いた、国家による所得再配分や社会保障の充実、これによる格差の是正を困難にさせた。

くわえて、新自由主義の「小さな政府」路線は歳出削減政策をとり、それが社会保障制度の破壊を導いた。たとえば、近年、日本では、緊急患者のたらい回しが社会問題化しているが、これも医療関係の支出削減による医療崩壊が目に見える形で現れたものである。このような社会保障の崩壊は、さらに、人々をして病気や老後に備えての貯蓄に仕向け、国内消費の低迷を導いた。[*2]

以上のような政策の結果、新自由主義は人々の購買力を低下させ、その推進者が主張したような実質的な経済成長は実現しなかった。

(2)新自由主義体制下においては、このように実体経済の成長が生まれないとすれば、どのようにして資本による利潤追求は行われるのか。金融や資本移動の自由化が可能にした投機によってである。[*3]

例えば、金融の自由化という名目で、証券業務と銀行業務の垣根が取り払われ、銀行は投機的行動ができるようになった。アメリカの場合、一九九九年、遂に、三〇年代の大恐慌の教訓から銀行業と証券業の分離を図った「グラス＝スティーガル法」が廃止され、銀行の子会社に、証券業務へ参入することが認可されるようになる。日本でもまた、一九八一年さらには一九九三年に銀行法が変更され、銀行・証券・信託銀行の間で、業際規制がなくなっていく。

また外国為替取引に関する規制の撤廃も八〇年代に進み、国際的な投機的活動を容易にする仕組みが作られた。たとえばイギリスでは、一九七九年には外国為替取引が完全自由化された。日本では、一九八〇年外為法（外国為替および外国貿易管理法）が改変、外国為替取引が原則自由化され、更に一九八四年には、実需原則が撤廃[*4]（これにより為替先物取引が原則自由化される）、円転換規制（外貨建て短期資金の円への交換は為替変動を激しくするという理由でそれまで規制されていた）も撤廃された。

以上のような経緯をへて、八〇年代、金融は自由化・国際化され、それとともに投機的活動をする余地は大幅に広がっていく。その結果、金融活動は実体経済から離れ、カジノ化・ヴァーチャル化し、第二次大戦後一九七〇年代まではおこらなかったような規模のバブルとその崩壊が一九八〇年代以降頻繁におこるようになる。[*5]そして金融危機は、銀行がそのリスクに関与している割合が大きいほど、実体経済に深刻な影響を与えた。その最たるものが、一九九〇年代初頭に日本で起こったバブル崩壊であり、サブプライム危機に端を発する二〇〇八年世界経済危機であり、欧州債務危機である。

以上、新自由主義の政策とその帰結を簡単に紹介したが、注意したいのは、経済のこのようなグローバリゼーションが、自然にできあがったものではなく、人工的に政治によって作り上げられたという点である。今日のグローバリゼーションや世界市場をまるで人類に降りかかったどうすることもできない運命のように語る風潮が蔓延しているが、実際はそうではない。今日、世界市場が国家によってコントロールできていないとすれば、それは国家が規制することをやめたからである。経済格差が広がっているとすれば、そしてバブルとその崩壊が頻発するとすれば、それはそれがおこるのを許す政治を行ったからである。

二、アタック・フランスとフランス緑の党の代替案

とすれば、経済に対する政治のあり方を変えればいい。いくつかの規制がなくなり「自由」になったからこそ、市場が大胆な投機の場と化したのならば、もう一度政治により

規制し、人々が生きていくのに必要なものを交換する場に変えればいい。そうして自由がなくなるわけでは毫もない。むしろ万人の生命と自由の維持を目指す民主的な政治によって経済がコントロールされれば、ある種の規制は経済格差を縮小し、多くの人の生命を、したがって自由を実質的に保障するだろう。自由と規制は単純に対立しない。むしろ複数の自由の共存には規制が必要であり、規制があるからこそ人々は自由になれる。

政治による経済のコントロール。その政治は参加民主主義によって運営され、できる限り当事者が実質的な決定権を持つことができること。そしてその究極の目標は万人の生命と自由の維持ならびに自然環境の維持にあり、経済的な利潤追求はこの究極目標の実現に抵触しない限りでのみ許される。非資本主義的民主主義と形容できる、このような社会をアタック・フランスとフランス緑の党は目指しており、この目標に沿った政策提言を行っている。

ところで、このような社会の建設を目指す彼らの提案は、一見矛盾しているようにも見える二つの方向に沿っている。ひとつは「補完性原則」に則る徹底的な分権化の方向。「補完性原則（le principe de subsidiarite）」とは、政治的決定ができる限り市民の近くでなされるよう、上位の機関が扱う事柄は、より下位に位置する組織が十分対処できないものに限られるという原則である。たとえば、国が扱う事柄は県や市町村では扱えない事柄に限られる。この原則に則り、もっとも身近な行政単位においては直接民主制が可能なところまで進め、コミュニティに基づく民主主義を可能にさせる、このような傾向がある。もうひとつは、全く反対の方向で、極めてマクロな政治の構築、国境を越えた、グローバルな国際的政治的連帯を目指す方向である。大資本の利潤追求のためにある新自由主義的グローバリゼーションではなく、万人の命と自由ならびに自然保護を究極の目標とする「もうひとつのグローバリゼーション」すなわち民主主義のグローバリゼーションを目指す。これにより、グローバル化した「自由」市場競争経済の破壊的側面を除去し、経済格差の是正を図る。

より具体的には、以下のような政策が提案されている。

(1)分権化、コミュニティに基づく民主主義へ

企業の民主化

企業における権力は株主等資本の所有者のみにあってはならない。従業員の代表が経営参加できるようにする。

この点について、私の方から若干コメントを補足したい。

重要なのは、従業員が経営において決定権を持つことである。従業員に決定権がないとき、従業員は企業経営の単なる客体＝物となり、コストの一部となってしまう。企業における生きにくさはこれに由来する。このような生きにくさは、企業内での決定権の独占を廃止し、従業員もまた決定に参加でき、彼が単なる客体から主体に移行できるようになった時、初めて解消する可能性が開かれる。言い換えれば、企業内自治こそが、誰もが自分の「居場所」を見いだすことのできる可能性を開くのである。

また、このような従業員主権が実現されれば、たとえば企業の海外移転はかなり困難になることが予想される。海外の方が、労働力がはるかに安いという理由だけで企業が海外移転するとすれば、それは経営側が従業員を単にコストとしてのみ考えることができる状況にある時、すなわち従業員が労働力＝商品に還元されている場合である。この時、経営側は従業員を使い捨ての物のように扱うことができる。しかし、従業員が企業運営に決定権を持ち、単なる労働力＝商品という客体＝物であることをやめ、主体になり、人間になる時、上記のような海外移転は困難になるだろう。

さて、再び緑の党とアタックの主張に戻ろう。

ここまで従業員の権利について述べたが、これだけでなく、企業の存在する地域住民の権利も保障されねばならない、と緑の党は主張する。たとえば、どんなに企業の従業員の人権が尊重されようとも、この企業が公害問題をおこし地域住民の生命を危うくするとすれば、問題があろう。このような事態に鑑み、緑の党は、あらゆる利害関係者の利害が考慮されるよう、従業員二五〇人以上の企業には、企業の管理職、労働者の組合のみならず、企業の存在する地域の利害を代表する人やNGOそれぞれの代表が参加する協議会を作り、これによって企業が運営されることを義務とするよう、提案している。

そして企業活動の目的を変更する。すなわち、経済的利潤の追求から、万人の持続可能な幸福と、エコロジカルな持続可能な発展に目標を変更する。[*6]

最低・最高賃金制度

最低賃金と同時に最高賃金を設定し、賃金差が一対四ないし五に抑えられるようにする。また、所得税の累進制を強化し、最高税率を一〇〇%にする（これによっても最高賃金の抑制が可能になる）。また企業の利益にかける税率をその使途によって差別化する。すなわち、株主に配当として分配される部分には高い税率を、雇用やエコロジーのためになる投資に向けられているものに対しては低率にする。

ワーク・シェアリング

労働の分かち合いによる労働時間の短縮。資本主義社会においては、生産性の向上による必要労働時間の短縮は、労働者の解雇や不安定雇用の増加という形をとるが、そうではなく、法定労働時間を短縮し、労働を分かち合うことで失業や不安定雇用を減らす。この場合、重要なのは、財界側がワーク・シェアリングについて提案するとき前提しているような、時短による賃金カットは行わないことである。緑の党は、時短をした後も、最低賃金の二倍までは現行賃金を維持すること、三倍まではあまり低下させないこと、それ以上については賃金保障を逆進制とすることを提案している。つまり、ワーク・シェアリングを経済格差の是正に役立てるのである。[*7]

ちなみに、現在フランスの法定労働時間は週三五時間である。たとえば、月曜から木曜まで一日八時間働き、金曜は午前中三時間だけ働くといった具合である。緑の党は更なる時短を、すなわち週三二時間労働（たとえば一日八時間、週四日労働）を主張している。ワーク・シェアリングについて、緑の党は以下の利点を挙げている。

それは国家財政の点から見てもいい。というのも失業手当が少なくなるので、社会保障費の増大にも歯止めがかけられるからである。[*8]

また、労働時間短縮はフェミニズムにも貢献する。なぜなら、長い間女性をあれほど悩ませてきた「仕事か家庭か」という二者択一から女性は解放されるからだ。実際、週休三日になれば、仕事と家庭の両立が可能になり、もはや二者択一に悩む理由がなくなる。このように時短は女性の自立・自律のための物質的条件を提供する。[*9] 他方、男性の方も、ジェンダー分業に関する意識の変革が伴えば、家事労働や子供の世話もできるようになる。

さらに労働時間短縮はエコロジーの観点からもいい。というのも現在の生産方法で行われる自然破壊の規模を減少させるからである。

のみならず貿易摩擦の解消にも役立つ。低所得者層が豊かになるため内需が増え、外需への依存が少なくなるからだ。

ところで、このような時短は国際競争力を弱めるという特に財界側からの批判があるが、聞くには及ばない。実際、フランスが法定労働時間時間を週三九時間から週三五時間にした際、財界はフランス経済が崩壊するなどと大騒ぎしたが、そんなことは何もおこらなかった。

行政における政策決定過程の民主化・地方分権化、参加民主主義の拡張

環境破壊の原因のひとつとして官僚制がある。現場を知らない者に決定権が集中していることが環境破壊を引き起している。そしてこれまでの行政においては、ある計画はすでに殆ど決定が済んでしまってから初めて住民に知らされた。これに対して、市民団体や当事者たちが計画段階から審議に参加し、有効性に関して介入できるようにする、重要な選択は住民投票を行うようにする、このようにして行政の透明性を確保することを、緑の党は要求している。[*10]

(2)国レベルでの政策

コミュニティに基づく民主主義を支え、格差の是正を行うための様々な政策が提案されている。

①利潤を挙げている企業の解雇や海外移転の禁止。後者は社会的ダンピングを防ぐための措置である。また経営が安定しているにもかかわらず不安定雇用を増やす企業に対

し罰則を設ける。
②公共サービスの民営化禁止。文化、教育、研究、健康、エネルギー、水、他、人類のあらゆる公共財を市場と競争の外におく。
③不動産や土地に対する投機を終わらせるために、公的住宅サービスを充実させる。
④貧しい地域における公共事業の発注先に関しては、その地域出身の人々を雇う企業やその地域に根づいている企業を優先する。

税制、補助金については、次のような提案をしている。
⑤大企業の法人税増税。ちなみに、日本では、これに対して財界からの、「国際競争力を削ぐことになる」という理由からの批判が強くあるが、これは大げさにいわれている面があり、理由というよりは法人税増税を回避するための口実のように思われる。実際、北欧諸国における社会保障費と法人税をあわせた企業に対する負担は日本よりもかなり高いが、国際競争力ランキングでは日本よりもはるか上位にある。[*11] それゆえこれは十分可能な措置である。しかし社会的ダンピングを無視しきることはできず、後に述べるような、法人税の国際基準の設定も同時に進めていく必要がある。

ちなみに、法人税率は企業が人権や環境を尊重した経営を行っているかどうかで、変化をつける。たとえば、再生可能エネルギーの開発やエネルギー節約を実現する為に企業が行った投資に関しては、法人税がかからないようにする。

⑥人権・エコロジーの観点からの消費税。人権・環境に配慮した製品には消費税を低くし、環境に悪い商品には高くする。現在、人権・環境に配慮して生産されたものの方がそうでないものより価格が高くなる傾向があるが、この悪しき傾向を是正するため、前者が消費者により買いやすいものになるよう、消費税を調節し、前者が後者より安くなるようにする。

⑦生産主義的農業への補助金を減らし、有機農業の為の基金を作る。ちなみに、緑の党は有機農業を推進している。有機農業は水資源の保護、土地や生物多様性の維持に役立ち、また一ヘクタールあたりに要する人手は他の農業の二倍になり、雇用創出にも役立つと、主張している。

⑧二酸化炭素排出量削減の為、道路輸送の費用が高くなるよう、あらゆる化石燃料に課税する。これは地産地消の推進としても役立つし、また資本の国外流出に対しても有効であろう。

その他、脱原発・二酸化炭素排出量削減・再生可能エネルギー発展の為に、次のような提案をしている。

⑨車社会からの脱却を目指す。そのため、交通政策を大幅に見直し、自動車に比べはるかに二酸化炭素排出量の少ない鉄道を優先させ、高速道路建設計画を中止する。

⑩カー・プール（自動車の相乗り co-voiturage）やカー・シェアリング（自動車の共用 auto-partage）、貸し自転車を推進する。

⑪煙草やアルコール類の広告と同様、自動車宣伝広告を制限する。

⑫国土整備を見直し、公共交通網を中心にし、徒歩や自転車交通を十分考慮に入れた都市計画を行う。また、通勤時間が少なくなり、ラッシュアワーを避けて移動することができるように労働組織を再編する。さらに、今日の交通網は市の中心に集中し過ぎており、それが市内と郊外の格差を助長していることから、郊外間の公共交通を整備する。

⑬新築や改築の際、再生可能エネルギーが使用できるよう義務づける法律の整備。

⑭エコロジカルな公団住宅の建設。この財源としては、後に述べる金融商品に対する税の使用も考えている。

さらに、行政・法に関しては次のような提案がある。

⑮縦割り行政の見直し。縦割り行政によって環境省の行政管轄が制限されており、たとえば、バイパス道路建設の最終決定は運輸省に属し、環境省の管轄外であり、この点について環境省は何もいえない。それゆえ、行政の管轄配分の根本的な見直しが行われるべきである。ちなみに一九九七年緑の党が政権に加わった時、ドミニック・ヴァネが環境大臣と国土整備大臣を兼任したのは、そのような縦割り行政見直しを意図してのことだった。[*12]

⑯「専門家」「科学者」と大臣の密談による決定を防ぐため、広く市民が異なる立場から参加する開かれた議論の場を作る。また、異なる立場の「専門家」の意見を聞き、あらゆる可能性を評価する。政府・企業側の主張と異なる「専門家」を招くことが市民に出来るような予算措置もとる。[*13]

⑰「予防原則（le principe de précaution）」[*14]。これは一九九二年リオ宣言で採択された原則であり、自然や健康への有害性が疑われているものは、たとえまだ完全に証明されていないものでも、配慮すべきであるという原則である。環境汚染や地球温暖化の例をみてもわかるように、証明されたときにはすでに手遅れとなる場合が環境問題には多いた

め、この原則がうたわれている。ちなみに、この原則は、二〇〇五年フランス憲法が改正され、「環境憲章（La Charte de l'environnement）」が追加された際、採択されている。

(3)国際レベル：「もうひとつのグローバリゼーション」に向けて

まず金融関連改革から

①タックスヘイブン（租税回避地）の廃止並びに銀行秘密の廃止：これにより脱税を阻止する。[*15]

②ヘッジファンドの禁止。ヘッジファンドは代表的な国際的投機資本である。その数は二〇〇七年には約一万にのぼり、総運用資産残高は約一兆六千億ドルにも達している。ヘッジファンドは、専ら短期的観点から、他の投資家に比べ、はるかにハイリスク・ハイリターンな投機を行っている。その影響は絶大で、たとえば一九九七年のアジア通貨危機はヘッジファンドによる為替投機（為替レートの変動を利用して金儲けを狙う投機）によって引きおこされたとさえ言われている。

このようなヘッジファンドは、私募という形で、機関投資家や富裕層の投資家から直接資金を集めるため、公募の場合に課せられる情報開示の義務や運営方法に関する法令上の規制が全くない。また、多くのヘッジファンドはタックスヘイブン（租税回避地）に本籍をおいている。この特殊な状況ゆえに、上記のような無謀な投機が可能になっている。このようなヘッジファンドは実体経済にとっては有害無益であるとして、アタックはこのファンドの禁止を主張している。

③石油などの原料や穀物など一次産品の先物市場の漸進的廃止。これらへの投機によってこれらの価格が高騰したこと、その結果、第三世界では飢饉がおこるに至ったことは、まだ人々の記憶に新しいが、このことをなくすための措置である。

④法人税の国際的最低基準の設置ならびに国家間による調整。多国籍企業の利益にかけられる税の税率を世界中で同一にする。これにより国家間の社会的ダンピング競争を阻止するとともに、資本の海外逃避を阻止する。

⑤資本移動の自由の制限。

⑥グローバルな税の創設。

●国際的規模での金融取引の公的規制の一環として、為替取引や株、債券、デリバティブなど、あらゆる国際金融取引に課税する。

たとえば為替取引に課税する。この税は、これを提案した経済学者の名前にちなんでトービン税と呼ばれているが、この税の創設は、アタックが設立当初から掲げていた重要な政策である。今日の世界における為替取引は驚くべき規模に達しており、たとえば、二〇〇七年には一日平均三兆二千億米ドル、実に財とサービスの実物取引の八〇倍に及んでいる。つまり国際的取引の九八・七六％以上が投機的性格の強い為替取引によって占められているのである。これに〇・〇五％という低い税率で税をかけても年間五千億ドルの税収が見込める。

アタックは、この課税により投機が減少することを目論んでいる。経済に対する一種の政治的介入である。また、新自由主義的政策により減少した公的機関の財源を豊かにし、これによる富の再分配、格差の是正を考えている。

●国際的株取引に対する課税。国際的株取引は一日平均一兆ドルに及んでいるが、二〇〇八年に行われた海外直接投資の八〇％以上は投機的性格の強いものである。これに一五％の税をかけると年間千二百億ドルの税収が見込める。

●多国籍企業の利益への同率税。先に述べたような国家間の社会的ダンピング競争を阻止するとともに、資本の海外逃避を阻止するため、多国籍企業の利益にかけられる税の税率を世界中で同一にする。二〇〇〇年における世界の上位百の多国籍企業の総収入は四兆八千億ドルに達している。

●富裕税（impot sur la fortune）。メリル・リンチの二〇〇八年度レポートによれば、世界の上位一億人の総金融資産額は世界総生産 produit brut mondial にほぼ匹敵する。また三千万ドル以上の金融資産を持っている「超富裕層 ultras-riches」は世界に一〇万人存在するが、彼らの総金融資産額は一四兆ドル以上、世界総生産の四分の一以上に相当する。この「超富裕層」の金融資産に一％課税しただけでも年収一四〇〇億ドルの税収になる。

さらに、エコロジーの観点から、エネルギー消費や核廃棄物等有害な廃棄物の生産に税をかけることも、提案している。

そして、これらの税収を基に「世界構造基金」を創設し、南北格差の是正や貧しい国での公衆衛生の改善、食糧安全保障、持続的発展などの為の活動の資金にする。

これらの数字がどの程度の規模か実感できるよう、いくつか例を挙げてみよう。たとえば「世界食糧計画」の年間予算は三〇億ドルで、二〇〇八年、更に七億ドル必要だと言われたが、七億ドルとは先に挙げた富裕税年収の〇・五％にすぎない。また、同機構による試算では、年間四九億ドルで世界中の栄養不良の子供と妊婦全員を支援できる、と主張されているが、[*16] これはトービン税で見込まれる年収の一%に満たない数字である。さらに、一九九八年のOECD諸国のODA（政府開発援助）の総額は五一八億ドル、また、同年における世界の最貧四一カ国の累積債務総額は一六九〇億ドルである。[*17] 前者はトービン税で見込まれる年収の一〇%強、後者は約三分の一程度に相当する。

EUレベルでは次のような提案がなされている。

⑦「欧州公共金融センター pole financier public europeen」の創設。今回の金融危機では、欧州各国政府並びにEU機関もまた大手銀行の破産を防ぐ為、公的資金を注入した。これを機会に、公的機関は銀行の運営について監視すべきであり、この趣旨の下に上記のセンターの設立を提案している。

これにより、銀行システム全体が社会化され、市民や従業員の代表によりコントロールされることを目指している。

また、銀行の融資は二種類の金利を設定して行う。雇用や真の富を生み出す投資に対しては低金利で融資し、投機的目的のものに対してはそれを抑制する目的から高金利にする。

そのほか、「もうひとつのグローバリゼーション」のために次のような提案がなされている。

⑧ＩＭＦと世界銀行を国連総会によりコントロールさせる。[*18]

ＩＭＦと世界銀行における投票権は各国の拠出額に応じて決められてきた（加重投票制）。これによりアメリカをはじめ「北」に有利な経済政策が採択され、これらの機関を通じて、世界的に新自由主義的政策が進められてきた。したがってこれを是正し、ＩＭＦと世界銀行が、一国一票が原則の国連総会によりコントロールされるようにし、さらに社会権などを盛り込んだ「世界人権宣言」の精神に従わせることで、政策決定過程が、より民主的、より多国間主義的になり、より「南」の意見が反映されるようにする。

⑨自由貿易至上主義ではなく、各国の多様性・差異を踏まえたうえでの、話し合いによるパートナーシップに基づく国際秩序の形成。

この枠組みの中で、食糧安全保障を考える。関税による保護も認める。また第3世界の人々が食糧主権を確保し地元の農産物を享受できるよう、先進国の農産物にかけられている輸出補助金を撤廃する。農産物貿易において重要なのは、自由化でなく、組織化である。[*19]

以上が、アタック・フランスとフランス緑の党の代替案の概要である。無論、具体的提案はこれに尽きるものではなく、割愛せざるを得なかったものも少なくない。興味を持たれた方は、ぜひ彼らの著作やサイトに赴いてほしい。

まとめに代えて

今日に至るまで、資本主義は大きな矛盾をはらみ、様々な危機をおこしてきた。が、それらは崩壊しなかった。矛盾を国家間競争や移民の問題にすり替え、資本主義ということさえ意識できないように政治が仕組まれてきた。そしてそのような政治はその矛盾が絶頂に達している今も着実に成果を上げている。

したがって、新たな社会を創るには理論が必要である。多くの人が苦しんでいる、しかしその原因が見えないならば、この見えない苦しみの原因を知性によって見えるようにしなければならない。脱資本主義の試みは、資本主義自身が直接的経験からは見えにくいものであるために、人類が経験したどんな革命よりも優れた知性を必要とするだろう。問題点を指摘し、代替案を提示し、多くの人がそれに共感し、それを実行に移す政治を創り出さない限り、もはや九九％の人々にとって不幸しかもたらさない資本主義は、それでも存続し続けるだろう。だから、資本主義とは何か、また実現可能な、より実質的な民主主義とは何かを常に問いつつ、政治に介入していく必要がある。

政治を真に「われわれ」のもの、すなわち万人の複数の命＝自由の実現の場とするために。そして、自然が単なる人間の支配の対象でなくなるために。社会は持続可能でなければならないし、その中で暮らす人々の幸福も持続可能でなければならない。そのために、もうひとつの、より実質的な民主主義の創造を、鋭い批判意識を伴って、目指すこと、すべてはこれにかかっているように思われる。

＊1　本稿の内容は、拙著『サルトルとマルクスII』（春風社、２０１１年）第三部第三章第二節の内容と相当重なっている。特に新自由主義のより詳しい分析を望まれる方は、こちらを参照していただければ幸いである。また、本稿で主に参照した、かつ邦訳のないフランス語文献は以下の通りである。

ATTAC, *Que faire du FMI et de la Banque mondiale ?*, Mille et une nuits, 2002.
—, *Sortir de la crise globale*, La Découverte, 2009.
—, *Le Piège de la dette publique - Comment s,en sortir*, Le Liens qui libèrent, 2011.
CHESNAIS, François, *Les Dettes illégitimes*, Raison d'agir, 2011.
ZUCMAN, Gabriel, *La richesse cachée des nations:enquête sur les paradis fiscaux*, Seuil, 2013.

以下のサイトも大いに参照した。
http://france.attac.org/　http://www.lesverts.fr/　http://eelv.fr/

＊2　金子勝『閉塞経済―金融資本主義のゆくえ』（ちくま新書、２００８年）１１３頁。

＊3　同、19-20頁。北村洋基『改訂新版：岐路に立つ日本経済』（大月書店、２０１０年）１００頁以下。

＊4　金融機関以外の企業が為替の先物予約を締結するときは「輸出入や貿易外取引などの実需取引が背後にあるときに限られる」という大蔵省令による規制のこと。実質的な経済取引を伴わない為替取引は投機につながり、為替相場の安定が損なわれる恐れがあるという考え方から、経済取引の裏づけがある外国為替取引を原則とする規制がしかれていた。

＊5　金子、前掲書、16、44、49頁。

＊6　ちなみにこのような理念に近い企業として、協同組合企業が挙げられる。中でも、スペイン・バスクを拠点とするモンドラゴン協同組合は注目に値する。労働者が企業の所有者であり、労働者の参加型経営を行うこの組合の労働者数は２００９年に９万３千人に達している（津田直則『社会変革の協同組合と連帯システム』晃洋書房、２０１２年、97頁）。初任給と経営トップの報酬格差は実質３-４倍であり（１３３頁）、

スペインにおける営利企業の平均給与格差20倍に比べてはるかに少ない（154頁）。
＊7　フランス緑の党、真下俊樹訳『緑の政策事典』（緑風出版、2001年）152頁以下。
＊8　同、150頁。
＊9　同、147頁。
＊10　同、52頁以下、170頁以下。
＊11　金子勝、前掲書、102頁、119頁以下、138頁。井上誠一『高福祉・高負担国家スウェーデンの分析』（中央法規、2003年）55頁以下、87頁以下。
＊12　フランス緑の党『緑の政策事典』前掲書、50頁以下。
＊13　同、170頁以下、233頁、240頁、283頁。
＊14　同、231頁。
＊15　ガブリエル・ズュックマンによれば、世界中のタックス・ヘイブンには少なくとも5兆8千億ユーロが集まっているそうである。これにより2013年に行われた脱税は全世界で1300億ユーロに達し、内フランスでの脱税は170億ユーロ、GDPのほぼ1％に相当すると計算している。
＊16　ジョン・パウエル（国連世界食糧計画事務局次長）「私の視点」（『朝日新聞』、2005年3月1日）。
＊17　ATTAC京都トービン税部会、http://kattac.talktank.net/sections/tobintax/　最終閲覧2010年8月17日。
＊18　フランス緑の党『緑の政策事典』前掲書、91頁。
＊19　同、282頁以下

【筆者一覧】

長砂　實（ながすな・みのる）＝1933年生まれ。経済学。関西大学名誉教授。著書に『社会主義経済法則論』（青木書店）、『「どん底」のロシア』（かもがわ出版）、『ソ連社会主義論：現状と課題』（編著、大月書店）など。

荒木武司（あらき・たけし）＝1944年生まれ。社会主義経済。大阪教育大学名誉教授。論考に「後期マルクスにおける革命戦略の転換」「マルクスの『人間性』把握について ―『利己性』と『利他性』をめぐって」など。

聽濤　弘（きくなみ・ひろし）＝1935年生まれ。国際政治。元参議院議員。著書に『レーニンの再検証』『カール・マルクスの弁明：社会主義の新しい可能性のために』（『マルクス主義と福祉国家』（いずれも大月書店）など。

岩田昌征（いわた・まさゆき）＝1938年生まれ。経済学。千葉大学名誉教授、セルビア科学芸術アカデミー外国人会員。著書に『ユーゴスラヴィア多民族戦争の情報学』『社会主義崩壊から多民族戦争へ』『二〇世紀崩壊とユーゴスラヴィア戦争』（いずれも御茶の水書房）など。

大西　広（おおにし・ひろし）＝1956年生まれ。中国経済。慶応義塾大学教授、日本現代中国学会常任理事。著書に『現場からの中国論―社会主義に向かう資本主義』『中国はいま何を考えているか：ナショナリズムの深層』（大月書店）、『チベット問題とは何か―〝現場〟からの中国少数民族問題』『中国に主張すべきは何か―西方化、中国化、毛沢東回帰の間で揺れる中国』（かもがわ出版）など。

北見秀司（きたみ・しゅうじ）＝1960年生まれ、津田塾大学教授、哲学・社会思想史。著書に『サルトルとマルクスⅠ・Ⅱ』（春風社、2010・2011年）。

ポスト資本主義《しほんしゅぎ》を構想《こうそう》する

発　行　2014年9月25日

著　者／長砂　實、荒木武司、聽濤　弘、岩田昌征、大西　広
　　　　北見秀司
発行者／比留川　洋
発行所／本の泉社
　　　　郵便番号 113-0033　東京都文京区本郷 2-25-6
　　　　Tel 03(5800)8494　FAX 03(5800)5353　http://www.honnoizumi.co.jp/
印刷・製本／㈱音羽印刷

ISBN 978-4-7807-1180-6 C0036 2014 Printed in Japan